D1986226

Charlottenburger Welttheater

Charlottenburger Welttheater

Ein Lesebuch
über ein
Stück Theater
herausgegeben
von
Reiner Matzker

Verlag Das Arsenal
in Berlin-Charlottenburg

Gedruckt mit Unterstützung des
Heimatmuseums Charlottenburg

Alle Rechte vorbehalten. © by Das Arsenal Berlin 1993
ISBN 3-921810-37-X

Einleitung

Es ist nicht nachzuweisen, aber davon auszugehen, daß selbst in dem kleinen Dorf Lütze noch vor der Errichtung des Landschlosses Lützenburg in Gaststätten oder auf öffentlichen Plätzen zu bestimmten Anlässen Theateraufführungen umherziehender Vaganten stattfanden. Belegt ist, daß Sophie Charlotte, Ehefrau des brandenburgischen Kurfürsten Friedrich III., nach der Einweihung ihres Lustschlosses am 11. Juni 1699 sich besonders für das dortige Kulturleben engagierte. Das hölzerne »Theatrum zu Lützenburg«, von dem heute lediglich eine Grundrißskizze des Weißenfelser Architekten Christoph Pitzler aus dem Jahre 1701 erhalten ist, wurde in ihrem Auftrag am 5. August 1699 fertiggestellt und durch die Aufführung des französischen Lustspiels »Les vendages de Surênes« eröffnet. Sophie Charlotte nutzte das »Lützenburger Opernhaus« bis zu ihrem Tode im Jahre 1705. 1723 überließ es der »Soldatenkönig« Friedrich Wilhelm I. den Bürgern der inzwischen »Charlottenburg« genannten Stadt zum Abriß.

Nicht alle Aufführungen jener Jahre sind bekannt. Am 6. Juni 1700 wurde auf dem Lützenburger Lustschloß zur Vermählung des Erbprinzen Friedrich Carl von Hessen-Cassel und der Prinzessin Louise Dorothee Sophie von Brandenburg ein Schäferspiel aufgeführt, in dem der Wiener Sänger Ballarino gastierte. Der Text der Aufführung unter dem Titel »Der bestrafte Hochmuth des Schäfers Atis« gilt unter Musikhistorikern als »erste wirkliche Oper am Berliner Hof« (Curt Sachs). Die Musik komponierte Sophie Charlottes Kapellmeister Attilio Ariosti, der Text war von Abbate Mauro.

Nach der Krönung Friedrichs I. zu Beginn des Jahres 1701 in Königsberg wurden die Lützenburger Feste und Darbietungen – besonders an seinen Geburtstagen – immer aufwendiger. Zu nennen sind die von Attilio Ariosti komponierte und 1701 im Schloßtheater aufgeführte Oper »La fede ne' tradimenti« (»Le triomphe de la fidélité parmi les trahisons«) sowie das ein Jahr später im Garten des Lützenburger Schlosses inszenierte Festspiel »I trionfi di Parnaso«, von dem auch der Philosoph Leibniz berichtet hat. Ebenfalls im Jahre 1702 wurde die Oper »Polifemo« von Giovanni Bononcini in Lützenburg zur Aufführung gebracht. Ariosti schrieb das Libretto nach Motiven aus der antiken Mythologie. Der als Student aus Leipzig nach Berlin gereiste Georg Philipp Telemann berichtet in seinen Memoiren, er habe den »Polifemo« – versteckt hinter einem Vorhang – in Lützenburg gehört.
1706, nach Sophie Charlottes Tod, übernahm George du Rocher das Amt des Hofkomödianten und Oberaufsehers sämtlicher Schauspielvergnügungen, deren Charakter sich mit dem Tode Friedrichs I. im Jahr 1713 änderte. Sein Sohn Friedrich Wilhelm I., der »Soldatenkönig«, schien sich mehr für Vaganten-Darbietungen zu interessieren, wie sie von Zelius, Schulze, Spiritu Cossa und Dornkrüger geboten wurden. Einer der Vaganten war Joh. Carl von Eckenberg, auch der »Deutsche Simson« genannt, der sich mit seiner Truppe von Seiltänzern und Jongleuren 1717 in Berlin eingefunden hatte, wo er mit seinen Kraftakten den König beeindruckte. Eckenberg wurde Hofkomödiant und baute sich ein festes Theater. Aufgeführt wurden Hanswurstiaden, Ballette, Haupt- und Staatsaktionen, Singspiele, Komödien, Marionettenspiele.

Eine weitere Wende vollzog sich für das Kulturleben in Charlottenburg, als 1740 Friedrich Wilhelms Sohn Friedrich II., der als »der Große« in die Geschichte einging, den preußischen Thron bestieg. Schäferspiele und Operetten wurden im Orangeriehaus des Schlosses aufgeführt, zum Teil mit Texten und Kompositionen des Regenten selbst, darunter die Komödie »Le singe de la mode«

(1742), eine Serenata nach dem Stoff des Schäferspiels »Il Re Pastore« (1747) und die Operette »Il tempio d'Amore« (1755). 1787 beauftragte Friedrich Wilhelm II. den Breslauer Architekten Carl Gotthard Langhans, unmittelbar neben dem Schloß ein Schloßtheater zu errichten. Die Bauausführung übernahm Michael Philipp Boumann. Das Theater wurde mit Ausnahme der Bühnenmaschinerie bereits Ende 1790 fertiggestellt. Die Einrichtung der Bühnenmaschinerie übernahm im Sommer 1790 der Kasseler »Inspecteur de la Machinerie« Moretti.
Langhans' Schloßtheater wurde am 3. Juli 1791 mit Goldonis »Der Talismann« (Musik von Salieri) eröffnet und vier Jahre später für ausgesuchte Bürger zugänglich. In der Mitte des 19. Jahrhunderts entwickelte sich das exklusive Schloßtheater zunehmend zum eigentlichen »Stadttheater« Charlottenburgs. 1902 wurde das Theater zu einem Möbelspeicher umgebaut und das Langhans-Interieur zerstört.

Die durch Wirtschaftswachstum und Industrialisierung beschleunigte Expansion der Stadt Berlin im 19. Jahrhundert, insbesondere die Stadterweiterung im Westen, wirkte sich erheblich auf die Theaterkultur aus. Für die Bühnenarbeit speziell setzten die technischen Erneuerungen wie die Nutzung der Elektroenergie und die Entwicklungen im Bereich der Photographie neue Akzente, die im weiteren auch architektonische Maßnahmen erforderlich machten. In Charlottenburg wurden um die Jahrhundertwende drei mit moderner Bühnentechnik ausgestattete Großveranstaltungshäuser gebaut: das Theater des Westens, das Schiller-Theater und die Oper. Ein gutes Jahrzehnt später entstanden u.a. das Renaissance-Theater (zunächst als Lichtspieltheater) und die Tribüne. Das Theater am Nollendorfplatz, durch die sozialkritischen Inszenierungen Erwin Piscators auch als erste Piscator-Bühne bekannt, war bis zur Angliederung des Stadtbereichs an den Stadtteil Schöneberg wesentlicher Bestandteil des Charlottenburger Kulturlebens.

1920 wurde Charlottenburg in die Stadtgemeinde Groß-Berlin integriert – für das Kulturleben der zwanziger Jahre in Berlin eine Zäsur. Den Geist dieser bewegten Zeit spiegelten heute kaum noch bekannte Theater wie das Phantastische Theater am Lietzensee oder Bühnen in der Jebensstraße, Hardenbergstraße und Nürnberger Straße. Am Kurfürstendamm, dem damaligen Künstler- und Literatenboulevard, flanierten zwischen Kabaretts, Cafés, Kinos und Schaufenstern die Protagonisten einer exzessiv großstädtischen Lebensform. Kein Zufall, daß sich Max Reinhardt in jenen Jahren gerade dort von Oskar Kaufmann zwei benachbarte Boulevard-Theater einrichten ließ: die Komödie und das Theater am Kurfürstendamm.

Nach 1945 setzte ein belasteter und beschwerlicher Prozeß der politischen wie der kulturellen Neubestimmung und Restitution ein, auch von der Bühne aus. Hier bestimmten vorrangig Klein- und Experimentiertheater wie die Vaganten Bühne, das Forum-Theater und die Schiller-Theaterwerkstatt die entscheidenden Phasen dieses Prozesses. In den sogenannten »wilden Sechzigern« ergriffen das Avantgarde-Theater und der inszenierte Protest speziell jene Themen und Formen der Vergangenheitsbewältigung, wie sie sich seit den fünfziger Jahren herausgebildet hatten. Reflexionsbereitschaft und Sensibilität waren im Zuge der Auseinandersetzung mit der jüngsten Geschichte durch die Realität des Inszenierten, die andere Wirklichkeit des Theaters, erneut herausgefordert.

Dazu trug auch bei, daß in den sechziger Jahren das Theater in Charlottenburg eine besondere politische Dimension und Identität bekam: mit der Abriegelung West-Berlins wurde in den folgenden Jahrzehnten für Publikum, Bühnen und Theater- und Kulturpolitik das Theater des Berliner Westens »das Berliner Theater« überhaupt, aus westlicher Sicht.

Insofern wird eine Ausstellung, die sich in ihrem Titel selbst auf die Darstellung »vom Hoftheater zum Stadttheater« einschränkt (im

Heimatmuseum Charlottenburg, vom Dezember 1992 bis zum Februar 1993), der Charlottenburger Theatergeschichte nicht gerecht. Aber dieses Buch mit seiner bis in den Titel hinein so anderen Betonung, das anläßlich der Ausstellung erscheint, natürlich auch nicht: es soll und kann keine (Charlottenburger-Berliner) Theatergeschichte sein, keine politische, keine Schauspieler-, keine Inszenierungsgeschichte, kein Prolegomenon für ein Theatermuseum und kein kulturpolitisches Dossier – es ist nicht mehr und nicht weniger als ein »Almanach« für Theaterfreunde. Es sei an dieser Stelle allen gedankt, die dazu beigetragen haben; und besonders Frau Rosemarie Koch-Goertz, Frau Erlekamm (Akademie der Künste) und Frau Barbara Hering (Deutsche Oper); ein besonderer Dank auch an Karl Voß (Luxemburg) und den Ullstein-Verlag, die uns die Verwendung des Charlottenburger Spaziergangs (aus dem Reiseführer für Literaturfreunde: Berlin, 1980) gestatteten.

Premierenpublikum mit Max Reinhardt
Zeichnung von Emil Orlik

Karl Voß
Literatur und Theater. Ein Charlottenburger Spaziergang
(Durchgesehen und ergänzt von Hermann-Josef Fohsel)

Breitscheidplatz. An der Stelle des Europa-Centers lag in einem im neoromanischen Stil erbauten Hause mit der Front zur Gedächtniskirche von der Jahrhundertwende bis zu seiner Zerstörung im Bombenhagel des zweiten Weltkriegs das »Romanische Café«. Es wurde nach dem Ende des ersten Weltkriegs der Sammelpunkt von Literaten, Kritikern, Schauspielern, Malern, Politikern und der Berliner Bohème. Kaum ein bedeutender Schriftsteller der zwanziger Jahre, Berliner, Deutscher oder Ausländer, war nicht gelegentlicher oder ständiger Gast in diesen Räumen. André Gide, T.S. Eliot, Sinclair Lewis, Thomas Wolfe, Pirandello, Franz Werfel und der Wiener Anton Kuh kamen hierher, Alfred Polgar sammelte hier seine Verehrer um sich, wenn er in Berlin war; die Dadaisten um George Grosz, die Maler Orlik und Slevogt und die vielen Schriftsteller, die das »Café des Westens« verließen, als es zum Kurfürstendamm 26 umzog und »vornehm« wurde, dazu Roda Roda, Toller, Brecht, Bronnen, Heinrich Mann, Roth, Hasenclever und Zuckmayer sowie »Dichter, die als Dichter verkleidet waren«, wie Hermann Kesten sagt, schlugen hier ihr Hauptquartier auf.

Kurfürstendamm Nr. 18-19 / Joachimsthaler Straße Nr. 9. Wo sich heute das Café Kranzler befindet, etablierte sich Anfang des Jahrhunderts das »Kleine Café«, das später den Namen »Café des Westens« erhielt und das der Volksmund »Café Größenwahn« nannte. Herwarth Walden, der hier im Jahre 1910 das Konzept für seine Zeitschrift »Der Sturm« entwickelte, um die sich die Wortführer des Expressionismus sammelten, war Stammgast des Cafés, ebenso wie Franz Pfemfert, dessen »Aktion« hier aus der Taufe gehoben wurde. An Waldens Tisch fanden sich der italienische Futurist

Marinetti und die Maler Chagall, Klee, Franz Marc und Kokoschka ein. Im Jahre 1912 fand Gottfried Benn im Café Zugang zu den jungen expressionistischen Dichtern und verbrachte hier die Abende mit Else Lasker-Schüler, seiner Geliebten. Walter Mehring machte hier die Bekanntschaft Däublers, und Leonard Frank, der seine »Räuberbande« an einem Tisch des Cafés schrieb, sah hier seine Lisa, die er vier Wochen später heiratete, zum erstenmal. Wolzogen machte sich hier um die Jahrhundertwende Gedanken über die Gründung seines »Überbrettl« und Max Reinhardt über die des Kabaretts »Schall und Rauch«.

Kurfürstendamm. Das Wohnhaus Nr. 25 wurde 1911 zum »Hotel am Zoo« umgestaltet, ein in den zwanziger Jahren besonders von Schriftstellern bevorzugtes Haus. Joseph Roth logierte oft und längere Zeit in dem Hotel. Günter Weisenborn kam im Sommer 1945, nach seiner Befreiung aus dem Zuchthaus Luckau, in die zerstörte Stadt zurück und fand im »Hotel am Zoo« ein Obdach. Hier besprach er mit Karl Heinz Martin, den er durch Zufall traf, den Wiederaufbau des »Theaters in der Stresemannstraße«, das sie »Hebbeltheater« nannten und an dem Weisenborn als Chefdramaturg wirkte.

Bleibtreustraße. Im Jahre 1900 mietete Max Reinhard eine Wohnung im Haus Nr. 42. Zu dieser Zeit war er als Lehrer an der Sternschen Schauspielschule tätig, 1901 gründete er das »Schall und Rauch«-Theater in den damaligen »Arnims Festsälen«, Unter den Linden Nr. 44, und trat aus dem Ensemble des Deutschen Theaters aus. 1902 übersiedelte er in die Fontanestraße im Grunewald. In den fünfziger Jahren wohnte die Schauspielerin Tilla Durieux im Hause Nr. 24; später übersiedelte sie in ihre letzte Wohnung im Hause Nr. 15.

Knesebeckstraße. Im Haus Nr. 32 wohnte von 1903 bis zu seinem Tod am 2. August 1945 der Komponist und Dirigent Emil Nikolaus von Reznicek. Von Reznicek gab in London Konzerte, dirigierte an der Oper in Warschau sowie an der Komischen Oper in Berlin. Seine Oper »Holofernes« wurde am 27. 10. 1923 im Charlottenburger Opernhaus uraufgeführt. Die Ouvertüre zur Oper »Donna Diana« wurde ein Welterfolg.

Schlüterstraße. Gerhart Hauptmann schrieb im Haus Nr. 81, wo er von 1889 bis 1892 wohnte, sein Drama über den Weberaufstand von 1844 »Die Weber«.

Leibnizstraße. Die als Tochter einer Schauspielerin in Rotterdam geborene Adele Sandrock lebte von 1905 bis zu ihrem Tod am 3. August 1937 im Hause Nr. 60.

Wielandstraße. Im Haus Nr. 15 wohnte von 1930 bis zu ihrer Emigration im März 1939 die Opern- und Oratoriensängerin Paula Salomon-Lindberg. Am Haus erinnert heute eine Tafel an ihre Stieftochter, die Malerin Charlotte Salomon, die 1943 im Konzentrationslager Auschwitz umkam.

Mommsenstraße. Im Haus Nr. 6 lebte von 1911 bis 1937 Leo Blech. Der Dirigent der Staatsoper wurde in der Spielzeit 1923/24 Leiter des Deutschen Opernhauses Charlottenburg, das sich seit 1925 »Städtische Oper« nannte. Nach der völligen Zerstörung der Oper im zweiten Weltkrieg trat das Ensemble unter der Leitung des ehemaligen Sängers Michael Bohnen im Theater des Westens auf. Bohnen wohnte 1919 bis 1930 im Haus Nr. 5. Im Haus Nr. 56 wohnte Kurt Singer, Arzt, Dirigent, 1927–1933 stellvertretender Intendant der Städtischen Oper; er war Initiator und Leiter des Jüdischen Kulturbunds, an dessen Gründung in seiner Wohnung im Sommer 1933 heute eine Tafel am Gartenzaun erinnert. Singer emigrierte 1938 nach Amsterdam und starb 1944 im KZ Theresienstadt.

Dahlmannstraße. In Nr. 29 wohnte von 1907 bis 1933 der Theaterkritiker Arthur Eloesser, der Nachfolger Fontanes und Paul Schlenthers in der Vossischen Zeitung. Die Dahlmannstraße hat er als »Neue Straße« in seinem Berliner Feuilleton-Bändchen »Die Straße meiner Jugend« (1919) porträtiert. An der Stelle seines Wohnhauses steht heute ein Neubau. Von hier aus zog er in seine letzte Berliner Wohnung am Lietzenseeufer 1 (auch dieses Haus steht nicht mehr). Er starb 1938 im Jüdischen Krankenhaus im Wedding und ist begraben auf dem Waldfriedhof Stahnsdorf, wo auch sein Freund Siegfried Jacobsohn liegt.

Waitzstraße. Mit seiner zweiten Frau, der Schauspielerin Gina Meyer, bezog Felix Hollaender vor dem ersten Weltkrieg eine Wohnung im Hause Nr. 8. Von 1920 bis 1925 war er Dichter an den Reinhardt-Bühnen, danach Theaterkritiker am »8-Uhr-Abendblatt«. Er starb am 29. Mai 1931 an einer Lungenentzündung in Berlin. Zur Zeit seines Todes lief sein letztes Buch »Mit dem Kopf durch die Wand« als Fortsetzungsroman in der »Berliner Illustrirten«.

Bregenzer Straße. Ferdinand Bruckner, der 1951 aus dem amerikanischen Exil nach Berlin zurückkam, mietete im Hause Nr. 5 eine Wohnung. Seine sensationellen Erfolge in der Zeit vor 1933 konnte er nur bedingt fortsetzen. Kurze Zeit betätigte er sich als dramaturgischer Berater an den Barlog-Bühnen. In der Bundesrepublik und in Berlin erlebten seine »Heroische Komödie« und »Schauspiele nach heroischen Stoffen« Achtungserfolge.

Kurfürstendamm. Von 1922 bis 1932 wohnte der am 8. April 1878 in der Nähe des Alexanderplatzes geborene und groß gewordene Komponist und Kabarettist Rudolf Nelson mit seiner Frau, der Kabarettistin Kaethe Erlholz, im Hause Nr. 186. Er trat in Wolzogens »Überbrettl« auf und leitete eine Zeitlang das Kabarett »Chat noir« in der Friedrichstraße. In den zwanziger Jahren gründete er das

Arthur Eloesser und Elisabeth Bergner, etwa 1932

Max Reinhardt
Zeichnung von B. F. Dolbin

Nelson-Theater, für das er vielgespielte Revuen und Operetten schrieb. Er emigrierte 1933 nach Holland.

Kurfürstendamm. Im Hause Nr. 206 hatte Erwin Piscator in den sechziger Jahren eine Wohnung. An der Stelle eines »Garten-Kinematographen« auf dem Grundstück Nr. 206/207 ließ Max Reinhardt seine »Komödie« errichten, die er am 11. November 1924 mit Goldonis Lustspiel »Der Diener zweier Herren« eröffnete. In den Logen sah man den damaligen Reichskanzler Marx und den Außenminister Stresemann. Im Nachbarhaus befanden sich die 1905 eröffneten Ausstellungsräume der 1898 gegründeten »Sezession«, einer Vereinigung von Berliner Künstlern wie Liebermann, Slevogt, Lesser Ury, Corinth, Leistikow und Käthe Kollwitz, die den Kampf gegen die konventionelle akademische Kunst auf ihre Fahnen geschrieben hatten. Richard Huelsenbeck veranstaltete hier im Winter 1917/18 die zwei ersten Dada-Soireen, bei denen er, vom Publikum verhöhnt, seine »Phantastischen Gebete« rezitierte. 1921 wurden die Räume zum »Theater am Kurfürstendamm« umgestaltet.

Fasanenstraße. Im ersten Jahrzehnt unseres Jahrhunderts wohnte Ernst von Wolzogen, den ein zeitgenössischer Kritiker einen »Familienblattunterhaltungsromanfabrikanten« nennt, im Hause Nr. 72/73. Er war 1899 von München, wo er sich im Herbst 1894 des 22jährigen verzweifelten Jakob Wassermann angenommen hatte, ihn als Sekretär beschäftigt und dem Verlag Albert Langen weiterempfohlen hatte, wieder in die Hauptstadt gekommen. Im Herbst 1901 machte er sich einen Namen als Gründer des Kabaretts »Überbrettl«, einer literarischen Kleinkunstbühne am Alexanderplatz. In der Nr. 69 wohnte die Filmschauspielerin Asta Nielsen.

Kurfürstendamm. Im Juli 1922 wohnte Robert Musil bei seiner Schwägerin Hanna, der Frau des Kunsthändlers Casper, im Hause Nr. 233. Er war u.a. nach Berlin gekommen, um mit der »Tribüne«

über die Bühnenfassung seines Schauspiels »Die Schwärmer« Gespräche zu führen. Mitte Januar 1923 und im Juli/September war er wieder »wegen meiner zwei Stücke« »Die Schwärmer« (1921) und »Vinzenz und die Freundin bedeutender Männer« (1924) in Berlin, und kam wieder hier unter. »Ich trage mich sehr mit dem Gedanken, nach Berlin überzusiedeln«, schreibt er zu dieser Zeit. Am 19. November 1931 verwirklicht er diesen Plan. Von Wien kommend, bezog er mit seiner Frau Martha zwei kleine, im dritten Stock zum Hof gelegene Zimmer der damaligen Pension Stern, Haus Nr. 217. Hier schrieb er, dank der Vorschüsse Rowohlts und Spenden seiner Freunde ungehindert durch journalistische Terminarbeit, an seinem Haupt- und Lebenswerk, dem Roman »Ein Mann ohne Eigenschaften«, dem er über zwanzig Jahre seines Lebens widmete. Musil starb unbekannt und in bitterer Armut am 15. April 1942, dem 31. Jahrestag der Hochzeit mit seiner geliebten Martha, an einem Schlaganfall in Genf. – Das Astor-Kino im Hause Nr. 217 beherbergte im Jahre 1927 das »Nelson-Theater« bis zu dessen Bankrott.

Kantstraße. Das Haus Nr. 152 trägt seit 1959 eine Tafel zum Gedenken an den am 3. Oktober 1889 in Hamburg geborenen Publizisten, Theater- und Musikkenner Carl von Ossietzky; als Herausgeber der »Weltbühne« arbeitete er hier seit dem 1. April 1927, bis er am Morgen nach dem Reichstagsbrand verhaftet und in das Konzentrationslager Sonnenburg und später nach Papenburg verschleppt wurde. Den ihm im Jahre 1936 verliehenen Friedensnobelpreis durfte er nicht entgegen nehmen. Er starb 1938 an den Folgen unmenschlicher Quälereien in den Lagern in der Privatklinik Nordend in Niederschönhausen. – Im September 1905 hatte Siegfried Jacobsohn die Vorläuferin der »Weltbühne« als »Schaubühne« gegründet und diese 1919 mit der Umwandlung von einer Theaterzeitschrift in ein intellektuelles, liberales Kampfblatt »Weltbühne« genannt. Nach seinem Tode am 2. Dezember 1926 übernahm Kurt Tucholsky das »Blättchen« und gab es nach zehn

Monaten an Ossietzky weiter. Die letzte Nummer erschien am 7. März 1933 unter der Redaktion von Walter Karsch.

Kantstraße. Nach seiner Rückkehr aus dem Weltkrieg ging Erwin Piscator nach Berlin und schloß sich der Dada-Bewegung an. Im Hause 26b hatte er seine Wohnung. Da sein Versuch scheiterte, als Schauspieler an der Volksbühne unterzukommen, ging er für einige Monate nach Königsberg, wo er spielen und inszenieren konnte. 1920 heiratete er die Schauspielerin Hilde Jurczyk und gründete im selben Jahr das »Proletarische Theater«. Die Schauspielerin Lucie Höflich wohnte im Haus Nr. 40.

Pestalozzistraße. Nach seiner Übersiedlung von München nach Berlin mietete der politische Schriftsteller und »Nationalbolschewik« Ernst Niekisch, der mit Ernst Toller befreundet war und zu den Führern der Bayrischen Räterepublik gehörte, eine Wohnung im Hause Nr. 61. Hier verbrachte Toller einige Wochen, nachdem man ihn am 15. Juli 1924 aus dem Zuchthaus Niederschönenfeld entlassen hatte.

Wundtstraße. Ende September 1911 zogen die Eltern des Kammergerichtsreferendars und expressionistischen Lyrikers Georg Heym mit ihrem Sohn von der Neuen Kantstraße Nr. 12 in das Haus Nr. 31 des Königswegs, der heute den Namen Wundtstraße führt. Im Hause Nr. 33 wohnte in den zwanziger Jahren der Theaterkritiker Siegfried Jacobsohn. Hier war auch die Redaktion der »Weltbühne«, seines »geronnenen Herzensbluts«, untergebracht. Am 3. Dezember 1926 starb Siegfried Jacobsohn im 46. Lebensjahr. Die Totenrede hielt ihm der Theaterkritiker Arthur Eloesser.

Kaiserdamm. Der 1891 als Sohn eines wohlhabenden Fabrikbesitzers und einer Französin in Wien geborene Lyriker, Essayist und Dramatiker Theodor Tagger, der sich später das Pseudonym Ferdinand Bruckner beilegte, übersiedelte im Jahre 1923 mit seiner Frau

Betty, einer Philologin, nach Berlin und bezog im Hause Nr. 102 eine Wohnung. Mit seiner Frau gründete er im selben Jahr das Renaissance-Theater als Versuchsbühne für junge Autoren. Das Theater existierte unter der Leitung des Ehepaars bis 1928. Frau Tagger war von einem ihr unter dem Titel »Krankheit der Jugend« vorgelegten Manuskript, als dessen Autor ein unbekannter Ferdinand Bruckner zeichnete, so begeistert, daß sie es an ihren Mann weitergab. Ihr gegenüber bekannte sich dieser als Autor und erklärte sein Pseudonym als Huldigung an seine von ihm hochverehrten Landsleute Ferdinand Raimund und Anton Bruckner. Das Stück erlebte 1926 unter strengster Wahrung des Künstlernamens überaus erfolgreiche Aufführungen in Hamburg und Wien sowie im April 1928 im Renaissance-Theater in Berlin. Bruckner hatte in Wien und Berlin studiert und wollte eigentlich Musiker werden. Er wandte sich jedoch dem Theater zu und gründete in seiner Geburtsstadt die Literaturzeitung »Marsyas«, in der er unter anderem Frühwerke von Gottfried Benn und Alfred Döblin veröffentlichte. Im selben Jahr wie die »Krankheit der Jugend« kamen »Die Verbrecher« und 1930 sein Schauspiel »Elisabeth von England« heraus, mit dem er sich weltweiten Ruhm erwarb.

Fredericiastraße. In der Fredericiastraße 1 wohnte von 1919 bis 1933 der Schriftsteller und Schauspieler Curt Goetz, bevor er sich vor der drohenden Nazigefahr in sein Landhaus Chatel Valerie am Thuner See in der Schweiz zurückzog. Am 17. November 1888 in Mainz als Sohn eines Kaufmanns geboren, kam er über die Bühnen von Rostock und Nürnberg im Jahre 1911 an das Kleine Theater Unter den Linden und von dort ans Lessingtheater. Als Bühnenautor trat er zum erstenmal mit einer Groteske »Nachtbeleuchtung« (1918) hervor. Im Jahre 1923 heiratete er die Schauspielerin Valerie von Martens, die von nun an seinen Stücken zum Publikumserfolg verhalf. Von 1939 bis 1946 lebte das Paar in Hollywood und ließ sich nach dem Krieg in Merlingen/Schweiz nieder. 1953 erschien seine Komödie »Das Haus in Montevideo«. Am 12. September

1960 starb er im Krankenhaus von Grabs im Schweizer Kanton Sankt Gallen. Sein Sarg wurde im Renaissance-Theater in Berlin öffentlich aufgebahrt.

Württembergallee. Im Hause Nr. 26 wohnte vom Beginn der zwanziger Jahre bis zu seiner Verhaftung durch die Nationalsozialisten im Jahre 1933 der Dramatiker Hans José Rehfisch. Von 1923 an leitete der zweifach promovierte Schriftsteller mit Piscator das Central Theater und erzielte mit zeitkritischen Komödien wie »Wer weint um Juckenack« (1924) und »Wasser für Canitoga« (1932) Bühnenerfolge; er emigrierte 1936 über Österreich, Frankreich, England nach Amerika und kehrte 1950 nach Deutschland zurück. Er starb 1960.

Akazienallee. Im Jahre 1930 übersiedelte Julius Bab von der Potsdamer Straße zur Akazienallee Nr. 4. Er war Mitbegründer des Jüdischen Kulturbundes. Erst 1938 mußte er Berlin verlassen, ging zunächst nach Frankreich und von dort nach New York. Hier schrieb er bis zu seinem Tode am 12. Februar 1955 Film- und Theaterkritiken. Sein Lebenswerk, eine »Weltgeschichte der Schauspielkunst«, konnte er nicht mehr vollenden. Kurt Pinthus sagt in seinem Nachruf auf den Verstorbenen, daß er sicherlich mehr Abende im Theater erlebt habe als irgendein anderer Mensch unserer Zeit«.

Schloß Charlottenburg. Im Schloß Charlottenburg, als Lustschloß für Kurfürstin Sophie Charlotte am 11. Juli 1699 eingeweiht, stand dem Philosophen Gottfried Wilhelm Leibniz stets eine Zimmerflucht zur Verfügung. In der Klosterstraße hatte er eine Stadtwohnung. Die hochgebildete Schloßherrin, die philosophische Diskussionen über alles schätzte, hatte den Gelehrten vom Hofe ihres Vaters in Hannover in die Hauptstadt berufen. Das bekannteste Werk des Philosophen, die »Theodizee« (1710) geht auf Gespräche zurück, die die Fürstin bei abendlichen Spaziergängen durch den weiten Schloßpark mit ihm führte. In einem Brief vom 11. Juli 1699 an die Mutter der Kurfürstin mit der Beschreibung eines Maskenfestes, das anläßlich des Geburtstages des Kurfürsten im Schloß stattfand, hinterläßt Leibniz eine höchst beachtenswerte Darstellung eines höfischen Festes der Zeit.

Luisenplatz. In der Pension Haßfort im erhalten gebliebenen Hause Nr. 3 hatte Georg Kaiser in den zwanziger Jahren neben seinem Haus in Grünheide eine Stadtwohnung. Hier entstand eine Art literarisches Begegnungszentrum, wo Brecht, Weill und Lotte Lenya, Carl Einstein, Rudolf Leonhard, Wolfenstein, Csokor und andere ein und aus gingen. Weill schrieb hier die Musik zu Brechts »Dreigroschenoper«.

Alt-Lietzow. Im Jahre 1924 bezog der Lyriker, Dramatiker und Anarchist Erich Mühsam nach seiner vorzeitigen Entlassung aus der Festungshaft in Niederschönenfeld mit seiner Frau Zenzl das Reihenhaus Lützow Nr. 10 (heute Alt-Lietzow).

Hardenbergstraße. Nach dem Welterfolg seiner »Dreigroschenoper« übersiedelte Bert Brecht aus dem Atelier Helene Weigels in der Spichernstraße im November 1928 in eine größere Wohnung im Hause Nr. 1a am Knie (heute Ernst-Reuter-Platz). Am 10. April des folgenden Jahres heiratete er Helene Weigel. Hier arbeitete er zusammen mit Günter Weisenborn und dem Komponisten Hanns Eisler sowie mit seiner Sekretärin Elisabeth Hauptmann an der Dramatisierung des Gorki-Romans »Die Mutter«.

Uhlandstraße. Nach seiner Entlassung aus der Festungshaft 1924 ging Ernst Toller zunächst nach Landsberg zu seiner Mutter und dann nach Berlin, wo er von seinem Freund Ernst Niekisch und danach von der Frau des Warenhausbesitzers Tietz aufgenommen wurde. Im Hause Nr. 197 an der Ecke zum Steinplatz, heute ein Seniorenheim, fand er eine eigene Wohnung. Das Haus ist einer der wenigen erhalten gebliebenen Jugendstilbauten.

Tilla Durieux
Zeichnung von B. F. Dolbin

»Die beiden Husaren«. Gustav Matzner und Käthe Dorsch

Ralf Zünders

Szenen und Stationen der Charlottenburger Theatergeschichte bis 1920

»Raus ins Jrüne«: Charlottenburg als Ausflugsstadt vor den Toren Berlins

Das quasi beziehungslose Nebeneinander von höfischem und dörflichem Leben prägt im 18. Jahrhundert die Residenz Charlottenburg. Angelegt als barocke Idealstadt, hat die junge Ansiedlung ganz den Charakter einer feudalen Privatstadt. Hofbeamte, Künstler und Hofhandwerker siedeln sich – je nach Anwesenheit und Wertschätzung des jeweiligen Regenten für die Stadt – in der Schloßstraße an. Die übrige Bevölkerung besteht meist aus Ackerbürgern, kleinen Handwerkern und Tagelöhnern. Sie führen ein karges und äußerst ärmliches Leben. Der Pfarrer Dressel spricht für die Mitte des 18. Jahrhunderts von Charlottenburg als einem »erbärmlichen Ort«. Manufakturen und gewinnbringendes Gewerbe sind kaum vorhanden. 1800 zählt Charlottenburg etwa 3500 Einwohner. Um 1820, schrieb ein Chronist, konnte man sich das Städtchen »nicht still und ländlich genug vorstellen, trotz seiner 4500 Einwohner. Daß an den Schauspielabenden vor dem Theaterbau sechs Lampen (als einzige überhaupt in der ganzen Stadt!) brannten, mag dafür bezeichnend sein.«[1]

Aber in diesen Jahren entwickelt sich Charlottenburg mehr und mehr zur bevorzugten Ausflugsstadt vor den Toren Berlins. Vor allem das Schloß mit seinem Karpfenteich, »wovon in ganz Deutschland so viel Wunderns gemacht wird«, sowie die allmählich entlang der Berliner Straße (der heutigen Otto-Suhr-Allee) und in Schloßnähe sich niederlassenden Gasthäuser und Kaffeegärten sind Attraktionen. Bald wird es für begüterte Berliner Kreise zur Mode, sich während der Sommermonate in Charlottenburg einzumieten.

Offiziere, Bankiers, Industrielle und Gelehrte wählen die verkehrsmäßig günstig zu erreichende preußische Biedermeier-Idylle darüber hinaus häufig als ständigen Wohnsitz und fühlen sich so »Seiner Majestät« sehr nah.
1811 werden 17 Gaststätten gezählt, wovon sich allein elf in der Berliner Straße befinden. Zu den bekanntesten gehören der »Goldene Hirsch« in der Berliner Straße, der Gasthof »Zum Weißen Schwan« in der Oranienstraße (heute Nithackstraße), Muscows Kaffee-Garten am Schloß, das Türkische Zelt und das Kaffeehaus Morelli, das Jägerhäuschen und das Café-Restaurant Hippodrom am Knie (Ernst-Reuter-Platz). Am Rand des Tiergartens liegen die Ausflugslokale »Thiergartenmühle« und »Der Hofjäger«. Hier versucht man, wie auch in etlichen größeren Sälen, das Publikum durch Konzerte und besondere Darbietungen anzulocken. Brauerei und Biergarten des »Spandauer Bock«, Ulrich's Salon und die Gose- bzw. Gambrinusbrauerei in der Wallstraße (heute Zillestraße) zählen in der zweiten Hälfte des Jahrhunderts zu den beliebtesten Veranstaltungsorten der Stadt.
»Das Städtchen indessen träumte dahin, nannte sich Gartenstadt und wurde immer mehr von Sommergästen bevorzugt [...]. Fast wie ein beliebter Kurort suchte *der vielbesuchte Vergnügungsvorort Berlins* sich durch *Korso-Lustbarkeiten* und dergleichen Veranstaltungen einen Namen zu machen.«[2]
Charlottenburg wird im Lauf des 19. Jahrhunderts durch und durch zur bürgerlichen Kleinstadt. Beinahe im Überfluß werden den Gästen der Ausflugslokale und größeren Säle zur Jahrhundertmitte Militärmusik, deftige Possen und Komödien geboten. Musik und Darstellung genießt man sozusagen als Beigabe zu Bier und Tabak. Meist ist das künstlerische Niveau bei solcherlei Veranstaltungen allerdings niedrig. Bezeichnenderweise sind es im Normalfall Gastronomen, welche die notwendigen Theaterkonzessionen beantragen. Das breite Publikum amüsiert sich vorzüglich; ab 1865 verkehrt eine Pferdebahn zwischen Berlin-Mitte und Charlottenburg (bis Spandauer Damm/Ecke Sophie-Charlotten-Straße).

Zunächst scheinen Ersuche für private Theatergründungen noch behördlicherseits abgewehrt werden zu können. Aber bald droht dem Königlichen Schloßtheater dennoch erhebliche Konkurrenz. Der Besitzer des beliebten Lokals »Türkisches Zelt« in der Berliner Straße läßt 1846 in seinem Lokal eine Sommerbühne für 1500 Personen (!) einbauen, die allerdings baupolizeilich nicht abgenommen wird. Zu einem regulären Spielbetrieb kommt es daher nicht. 1851 läßt jedoch immerhin ein Frankfurter Schauspiel-Unternehmer mehrmals Stücke aufführen. Als er im Mai 1851 ein »burleskes Quodlibet mit Gesang und Tanz« namens »Arm und Reich« ankündigt, erhält der Wachtmeister Pohlmann den Befehl, die Vorstellung auf der polizeilich nicht abgenommenen Bühne zu verbieten[3]. Bis zum Ende des Jahrhunderts soll es dauern, ehe es dem »Türkischen Zelt« dann doch gelingt, sich als »Theater- und Konzertetablissement« zu bewähren.
Ein Künstlertreffpunkt der Zeit nach der Jahrhundertmitte ist das Café-Restaurant Hippodrom, das ehemalige Wohnhaus der bekannten Schauspielerin Auguste Crelinger und ihres Mannes. Es heißt, hier finde man »das Mecca verliebter Comödianten, das Absteigequartier gewisser Amazonen der Theater und der Demimonde, die mit oder ohne Cavaliere hier hinausritten.«

Zu einer regelrechten Flut privater Theatergründungen kommt es in den siebziger Jahren, als auf die Reichsgründung Gewerbefreiheit und hierdurch ein beachtlicher Wirtschaftsaufschwung folgen. Das vorher äußerst restriktiv benutzte Privilegiensystem wird weitgehend liberalisiert. Doch meist bestehen die neuen Theater nur wenige Jahre. Auf den Boom der Gründerjahre folgt eine Welle der Bankrotte. In Charlottenburg, das sich allmählich von der Kleinstadt zur Großstadt wandelt, finden sich in den siebziger Jahren als wichtige Theater- und Veranstaltungsorte vor allem das sogenannte Stadttheater, das Sinnig'sche Schaupiel und der prächtige Saalbau der Flora.

Zulukaffer, Spezialitäten und Radau – Das Charlottenburger Stadttheater in Alt-Lietzow

1872 eröffnet ein Theaterunternehmer namens Kampfhenkel in einem Saal auf dem Grundstück Lützow Nr. 3 (heute Alt-Lietzow) ein »Volkstheater«, das sich bald darauf mit einigem Stolz als »Stadttheater« bezeichnet. Einem immerhin zwölfköpfigen Orchester stehen 19 Schauspieler und Schauspielerinnen zur Seite. Freilich hat in dem doch eher kleinen Familienbetrieb vom Inspizienten bis zum »Artistischen Direktor« fast jeder auch auf den Bühnenbrettern mitzuspielen. Ein Theaterrestaurant im Hause offeriert derweil »feine Weine, ausgezeichnete Biere, vorzügliche Speisen à la carte«.
Die lokale Tageszeitung »Charlottenburger Nachrichten« gibt (soweit heute noch vorhanden) ein recht eindrückliches Bild vom Repertoire und Charakter des kleinen Vorstadttheaters. Gezeigt werden wie selbstverständlich Possen, »Charakter-Gemälde«, »Genrebilder«, »historische Zeitgemälde« und »Spezialitäten«. Neben Anzeigen wie »Kuhdung zu haben«, »Handschuh verloren« oder »Schlafstelle zu vermieten« finden sich in der Zeitung auch Kritiken der Aufführungen im Stadttheater:
Bei der Aufführung des Charakter-Gemäldes »Eine feste Burg ist unser Gott!« am 31. Oktober 1872 bricht die Vorhangstange, am 9. Oktober des nächsten Jahres vermeint der Kritiker, er müsse die Theaterleute darauf hinweisen, daß sie die Namen von Kneipen aus ihren Stücken fernhalten sollen; schließlich handele es sich beim Stadttheater ja nicht um irgendein Tingel-Tangel. In der nächsten Woche muß der Rezensent dagegen das Publikum kritisieren, das Schillers »Kabale und Liebe« teilweise mit einer »Hanswurstiade« zu verwechseln scheine.
Einige Jahre später, 1880, fühlt man sich ganz im exotischen Rausch: Der Karnevalsball 1880 steht unter dem Motto »Zulukaffer«, wenige Tage darauf tritt im Stadttheater eine »Amerikanische Negergesellschaft« auf.

In der Vorankündigung des »Neuen Charlottenburger Intelligenzblattes« heißt es:
»Die politische Befreiung der Negersclaven durch den nordamerikanischen Bürgerkrieg hat erstaunliche Resultate gezeitigt und zwar nicht nur auf dem Gebiete der freien körperlichen Arbeit, sondern auch im idealen Reich der Kunst. Wir hatten wiederholt Gelegenheit, schwarze Sänger zu bewundern, welche früher Negersclaven waren. In jüngster Zeit ist gar eine Schauspieler-Gesellschaft, aus Negern bestehend, in Berlin aufgetreten und hat die Mimik und eigenartige Darstellungsweise der Schwarzen stets volle Häuser herbeigeführt.«[5]
Auch in Charlottenburg ist das Haus ausverkauft:
»Es mochten 600 Personen im Theater anwesend sein. Als der Vorhang in die Höhe ging und Onkel Toms Hütte mit den Negersclaven, Sclavinnen und deren Kindern sichtbar wurde, da erdröhnte das Haus von frenetischem Beifall. [...] Die gesanglichen Leistungen des Missouri-Quartetts verdienen alles Lob. Melancholisch tönten zuerst die Heimathsklänge aus dem Gehege der blendend weißen Zähne hervor, und als am Schluß die einstigen Sclaven *Die Wacht am Rhein* anstimmten, da wollte der Beifallsjubel des Hauses gar nicht enden. Auch das Tambourin-Spiel und die wilden Tänze der Neger, denen die kleinen herumtrippelnden Nigger alles possierlich nachahmten, fesselten das an solche Schaustellungen nicht gerade gewöhnte Auge. Die Direktion hat den Dank des Publikums für diesen außerordentlichen Genuß in einer wohl gefüllten Theatercasse erhalten[6].

Solche »Spezialitäten«-Vorstellungen sind nicht selten in Vorstadt-Theatern dieser Zeit. »Luft-Gymnastiker« und Magnetiseure etwa treten in Charlottenburg auf, Maskenbälle wechseln mit »Gruselstücken«, Gastspiele auswärtiger Sänger folgen auf Wohltätigkeitsveranstaltungen[7]. Sehr häufig sind sogenannte Benefize. Dies sind Vorstellungen, deren Einnahmen dem jeweiligen Hauptdarsteller quasi als Altersversorgung zugute kommen.

Das Niveau der Darstellung ist auch in Charlottenburg nicht höher als in anderen sogenannten »Geschäftstheatern« des 19. Jahrhunderts. Daß der Zeitungskritiker ein um das andere Mal Versprecher oder den »fehlenden Wohllaut der Aussprache« tadeln muß, scheint nur allzu verständlich angesichts damaliger Probenbedingungen[8]. Denn geprobt wird gewöhnlich nur ein- oder zweimal und anschließend finden meist auch nur ein bis drei Aufführungen statt. So wird die Souffleuse zur wichtigsten Kraft so manchen Abends.

Die Charlottenburger Tageszeitung »Neue Zeit« berichtet in ihrer Ausgabe vom 20. März 1872 von einem so amüsanten wie aufschlußreichen Zwischenfall im Stadttheater. Dieses Schlaglicht dürfte den Ruf und die Qualität des selbsternannten »Stadttheaters« zur Genüge deutlich machen; der Theaterdirektor Striese im 1885 entstandenen Lustspiel »Der Raub der Sabinerinnen« hätte die Szene jedenfalls kaum schöner erleben können:

»Während der Sonntagsvorstellung im Stadttheater machten sich einige in der zur rechten Seite befindlichen Prosceniumsloge anwesende Berliner das sonderbare Vergnügen, sich unbemerkt auf die Bühne zu schleichen und in den Souffleurkasten zu steigen. Als dies dem Direktor gemeldet wurde, verwies er ihnen in milder Form ihr ungehöriges Benehmen. Doch in der nächsten Pause schlichen sich dieselben Herren in die Küche und von da aus an den Souffleurkasten und hatten schon das Buch, in welchem das aufgeführte Stück enthalten war, an sich genommen – wahrscheinlich um die weitere Vorstellung des Stückes *Drei Tage aus dem Leben eines Spielers* unmöglich zu machen und dann in Berlin damit zu renommieren: Sie hätten das Charlottenburger Stadttheater gesprengt – als die rächende Nemesis in Gestalt des Direktors Kampfhenkel und eines Schutzmannes und zahlreicher Zuschauer erschien. Herr Kampfhenkel holte etwas unsanft die betroffenen Burschen aus der Küche hervor und setzte sie unter allgemeinem Beifall an die frische Nachtluft, so daß die Herren wohl das Wiederkommen vergessen dürften.«

Johann Carl von Eckenberg. »Der Starcke Mann«, umgeben von Darstellungen seiner Kraftakte. Anonymer Kupferstich

Das Etablissement »Flora«

Für die Spielzeit 1873/74 übernimmt Direktor Richard Hahn das Theater. Das Bühnenjahrbuch der folgenden Spielzeit weist Hahns Stadttheater als »verbunden mit dem Bellevue-Theater in Moabit bei Berlin« aus. Zur Spielzeit 1875/76 wird das nun von Carl Janecke geführte Theater grundlegend renoviert. Danach wird erst für das Jahr 1880 im Bühnenjahrbuch wieder ein Charlottenburger Stadttheater nachgewiesen, das bis 1890 als »Stadttheater« bzw. »Neues Stadttheater« firmiert.

Nach Meldungen des Charlottenburger »Neuen Intelligenzblattes« ist dieses Stadttheater spätestens seit 1887 in der Rosinenstraße 3 (heute Loschmidtstraße) zu finden. Im Bühnenjahrbuch 1888 heißt es zu diesem Haus, das noch wenige Jahre zuvor ein »Tivoli-Theater« beherbergte: »Charlottenburg, Neues Stadttheater: Erbaut 1872. Es faßt 500 Personen.«[9] In den siebziger Jahren befindet sich im Haus Rosinenstraße 3 ein anderes Theater: Das »Sinnig'sche Sommertheater« spielt von Mitte Mai bis Mitte September und existiert mindestens bis 1876. Neun Schauspieler, acht Schauspielerinnen und 16 Orchestermusiker sind hier im Sommer 1876 engagiert[10]. Repertoire und Niveau dieses Theaters dürften dem räumlich benachbarten Stadttheater vergleichbar gewesen sein.

Pflanzenschauen und Buffalo Bill im »Etablissement Flora«

Erhebliche Konkurrenz bedeuten für die reinen Theaterunternehmungen Stadttheater und Sinnig'sches Sommertheater die größeren Gartenlokale und Brauereien mit ihren kurzweiligen Unterhaltungen. Während die Konzerte, Feuerwerke, Verlosungen und gelegentlichen Theatervorstellungen etwa im »Spandauer Bock« und in der Gosebrauerei beliebt sind, bleibt das Stadttheater oft leer. Größter und übermächtiger Konkurrent aber ist seit 1874 der monumentale Saalbau der »Flora«.

Auf dem in unmittelbarer Nähe zum Schloß gelegenen weitläufigen Gelände des ehemaligen Palais der Gräfin Lichtenau errichtet

1874 eine Aktiengesellschaft ganz im Stil der Gründerzeit den damals größten Festsaal Deutschlands. Die Finanziers des Etablissements Flora spekulieren dabei auf die Anziehungskraft des monumentalen Saalbaues mit angeschlossenem Palmenhaus inmitten ausladender Blumenbeete. Die Flora läuft tatsächlich sogleich allen anderen Vergnügungsstätten Charlottenburgs den Rang ab. Denn in den imposanten Räumlichkeiten werden Attraktionen besonderen Ausmaßes geboten: Pflanzenschauen, Aufstiege von Heißluft-Ballons, eine Rollschuhbahn, Hochradrennen und selbst Buffalo Bills Wildwestshow können Berliner und Charlottenburger in der »Flora« bewundern. In den neunziger Jahren werden in der sogenannten »Sommeroper« der »Flora« auch Opern- und »Spezialitäten«-Vorstellungen gegeben.
Aber die überdimensionierte Flora leidet unter dem Mißmanagement ihrer spekulierenden Betreiber. Bald ist die Unrentabilität nicht mehr zu verbergen, das Unternehmen wird zu einer der größten Pleiten des ausgehenden 19. Jahrhunderts. 1902 wird der kaum 30 Jahre alte Bau abgerissen, das Gelände parzelliert und mit Mietskasernen bebaut[11].

Wunschtraum von Künstlern und Spekulanten – das Theater des Westens

Der Niedergang der Flora geht einher mit dem rasanten Anwachsen Charlottenburgs. 1893 überschreitet die Bevölkerungszahl erstmals die Grenze von 100.000 Einwohnern. Industrialisierung, Landflucht, Geburtenüberschuß, eine verbesserte Infrastruktur und erhöhte Mobilität machen aus der Idylle bald eine kräftig in alle Richtungen expandierende Großstadt. Ringbahn, Stadtbahn, das Villenviertel Westend entstehen, die Firmen Siemens und Schering lassen sich in Charlottenburg nieder. Das ungehemmte, rasche Wachstum bringt aber auch Wohnungselend, drückende Nöte und krasseste soziale Unterschiede mit sich. Die berüchtigten Mietskasernen wachsen allerorten in den Himmel. Arbeiterviertel, etwa am heutigen Klausenerplatz, zählen bald zu den ärmsten Gegenden Charlottenburgs. Hier ist die Säuglingssterblichkeit dreimal so hoch wie um den Kurfürstendamm. Die Mieter der tristen, enggestaffelten Häuserblöcke leben zum Großteil unter menschenunwürdigen Verhältnissen. Andererseits lassen sich in den Nebenstraßen des Kurfürstendamms Bankiers, Offiziere, Spekulanten und Fabrikbesitzer nieder. Aus dem einstigen Idyll wird bis zum ersten Weltkrieg Preußens zweitreichste Stadt mit weit über 300.000 Einwohnern. Aber je näher die stolze Bürgerstadt Charlottenburg an Berlin heranrückt, desto mehr wird sie als Berlins »Neuer Westen« aufgefaßt und verliert ihre Eigenständigkeit.

Auch die abenteuerliche Gründung des wohlbekannten und heute noch in Betrieb befindlichen »Theaters des Westens« ist ohne die Wachstumseuphorie und das nervöse Spekulantenklima jener Jahre kaum zu verstehen: Im Herbst 1894 lernen der ebenso ambitionierte wie momentan erfolglose Architekt Bernhard Sehring und der mehrfach gescheiterte Theaterdirektor Paul Blumenreich bei einer Versammlung einander näher kennen. Blumenreich hatte das Charlottenburger Schloßtheater umbauen wollen, sein Plan eines »Neuen Schauspielhauses« in der Leipziger Straße war ebenso fehlgeschlagen wie ein Theater-Neubau auf dem Lützowplatz. Auch als Direktor verschiedener Berliner Theater hatte Blumenreich bald wieder aufgeben müssen. Sehring seinerseits, künstlerisch denkender Architekt mit eher hochfliegenden als realistischen Plänen, kann seinen aufwendigen Lebenswandel nicht mehr finanzieren. Da ihm Aufträge fehlen, hat er sich verschuldet.

Beim Gesprächsthema Theater geraten die beiden Herren ins naive Schwärmen. Sehring träumt von einem dreitausend Zuschauer fassenden zweiten Opernhaus im Westen Berlins. »Ganz aus Sandstein und Marmor« solle der Prachtbau sein. Ein Grundstück habe er schon in Augenschein genommen, erste Skizzen bereits entworfen. Blumenreich ist in seinen Tagträumen ein wenig bescheidener.

Ihm schwebt als Ideal-Theater ein gutbürgerliches Schauspielhaus vor. »Ich meinte ein Haus für die bessere Familie – in erster Reihe ein Abonnementstheater [...], das bei billigen Preisen in musterhaften Aufführungen uns den Schatz der alten Werke unserer Dramen-Literatur wahrt und nicht ohne Vorsicht sich dem Neuen erschließt.«

Sehring macht ihm schnell die Vorzüge des Standorts in Berlins neuem Westen klar. Blumenreich ist sofort begeistert:

»Auf dreiviertel Stunde in der Runde nur ein einziges Vergnügungsetablissement: Der Zoologische Garten. Selbst unter Benutzung der Stadtbahn braucht man eine halbe Stunde, um das nächstgelegene Theater zu erreichen. Und diese ganze, wohl eine Viertelmillion Einwohner zählende, theaterlose Gegend dicht bebaut, voll bewohnt von einem Publikum, das durchgehends aus Bessersituierten sich zusammensetzt...Ich wurde warm für den Gedanken, mein neues Theater in der Kantstraße entstehen zu lassen.«[12]

Die beiden ungleichen Partner – Sehring ist eitler Reserveoffizier und pflegt den Kontakt zu höheren Kreisen, der Jude Blumenreich rechnet sich selbst fast zum Proletariat – machen sich tollkühn an die Realisierung ihres Vorhabens. Ohne über irgendwelches nennenswertes Vermögen zu verfügen, ohne jegliche Anzahlung erwerben sie ein großes unbebautes Grundstück an der Kantstraße zwischen Stadtbahnbogen und Fasanenstraße. Mit Mühe und Not haben sie die für den Kaufvertrag nötigen Gebühren von 5000 RM zusammengekratzt. Nur Stunden nach der Unterzeichnung lassen sie in ihrer ersten Freude in drei Meter hohen, weißen Buchstaben den Schriftzug »Theater des Westens« auf den Grundstückszaun pinseln. Die ersten Steine werden auf Wechsel gekauft, ganze sieben Arbeiter kann man zunächst beschäftigen. Ohne irgendeine Baugenehmigung beginnen die Ausschachtungsarbeiten.

Geld wird nun gebraucht, viel Geld. Zunächst ruft Blumenreich einen »literarischen Aufsichtsrat« ins Leben, denn seiner Überzeugung nach »mußte vom *Theater des Westens* gesprochen werden, wollte man später offene Herzen – nein, offene Geldschränke finden.« So kann am 4. September 1895 die Grundsteinlegung stattfinden, ohne daß man weiß, ob der Bau jemals fertiggestellt werden kann. Die Finanzierung wird zum eigentlichen Problem des erstaunlicherweise innerhalb nur eines Jahres errichteten Monumentalbaues. Nach etlichen Schwierigkeiten und nur mit geschönten Rentabilitätsberechnungen sowie unter Einschaltung eines mehr als trickreichen »Hypothekenvermittlers« werden nach und nach Kredite von über drei Millionen Mark beschafft. Während Sehring enorme Summen für seinen »Künstlertraum« verbaut, hofft eine Theater-des-Westens-GmbH auf baldige Rendite.

Noch kurz vor der Eröffnung des Hauses kommt es zu Differenzen: Blumenreich, Geschäftsführer und Direktor in spe, wird im Krach entlassen. Er hatte mit einem anderen Theaterunternehmen soeben Schiffbruch erlitten, scheint also den Ruf des neuen Hauses negativ zu belasten. Die zumindest unsolide Finanzierung des »Theaters des Westens« wird nun vornehmlich ihm angelastet. Sein Programm eines literarisch ambitionierten Schauspielhauses, von dem Sehring wohl nie so ganz überzeugt gewesen war, verwirft die Betriebsgesellschaft nun zugunsten unterhaltender, billigerer Dutzendstücke. Blumenreich ist enttäuscht. Sogleich verfaßt er – der begabte Journalist und Selbstdarsteller – eine polemische Streitschrift gegen das neue Theater:

»Auf meiner Fahne stand in flammenden Buchstaben *Theater des Westens.* Mit Leimfarbe hat man das stolze Wort überpinselt und an seine Stelle gesetzt: Stadttheater von Charlottenburg.«[13]

Nach Blumenreichs Abgang wird der frühere Breslauer Theaterdirektor Witte-Wild erster tatsächlicher Leiter des Theaters des Westens. Nach nur zweiwöchigen Proben muß er das Haus am 1. Oktober 1896 übereilt mit dem Märchen »1001 Nacht« eröffnen. Die Eröffnungsvorstellung wird zur künstlerischen Pleite. So sehr das dargebotene Stück sich im prunkenden, übergroßen Bühnenrahmen verliert, so groß ist andererseits die Bewunderung für das monumentale Gebäude.

»Aus dem Kassenvestibule gelangt man auf breiten Freitreppen von schwarzem Marmor, auf deren Rampen sich sechs Säulen mit Flammenopferbecken erheben, in die Parketts. Aus dem Parkettvestibule leuchten 400 elektrische Lichter herab. Auf weißen Marmorstufen steigt man zum ersten Rang hinauf, dessen Wandelgänge in dem lichten Glanze blaßrosafarbener Marmorwände erstrahlen; aus der Decke spenden 1200 elektrische Flammen ihr Licht. Das Foyer ist prachtvoll ausgestattet, das Plafondgemälde wirkungsvoll von Hermann Katsch ausgeführt. Ein Meisterstück ist mit seinen 400 Flammen der Kronleuchter, der die Form einer Lyra hat, durch welche auf einem Schwane die Phantasie hindurchfährt. Die Bühne ist 22 1/2 Meter breit und 23 Meter tief; Vorhänge, Versenkungen u.s.w. werden elektrisch bewegt.«[14]

Witte-Wild muß bald wieder aufgeben. Seinen Nachfolgern ist ebenfalls kein Erfolg beim Publikum beschieden, denn für Schauspiele ist das 1700 Zuschauer fassende Haus viel zu groß. Die Zuschauer bleiben aus, die Presse zürnt, und die nüchternen Geschäftsinteressen der Betreiber lassen sich mit ihren Parvenu-Allüren nicht vereinbaren:

»Der Etat des Theaters war so groß, daß er natürlich nicht gedeckt werden konnte; allein für elektrisches Licht betrug er täglich dank der pompösen Lichtkörper 230 M. (Im Berliner Theater z. B. 40 M.!!) Die Stücke, die man dort gab, ließen den Geschmack der Leitung in einem sehr traurigen Licht erscheinen, auch die Darstellung hielt sich auf der eines mäßigen Stadttheaters.«[15]

Erst als man 1898 beginnt, Opern im Theater des Westens zu zeigen, stellt sich der langersehnte Erfolg ein. Namen bekannter Virtuosen und Berliner Erstaufführungen lassen das Haus bald sogar zur Konkurrentin der Lindenoper werden. Am 5. Oktober 1905 gastiert sogar Enrico Caruso im »Westen-Theater«. Doch als in Berlin-Mitte noch im gleichen Jahr die Komische Oper eröffnet

wird, verzichten die Berliner auf den weiten Weg an die Kantstraße. So versucht es Max Monti, der neue Direktor, ab 1907 mit Operetten und Ausstattungsrevuen.
Zwar zieht sich auch der erfolgreiche Monti 1912, nach einem Brand im Bühnenhaus, vom Theater des Westens zurück. Doch die neuen Pächter Carl Bieber und Carl Breese führen es fort als »das« Berliner Operettentheater. An der heiteren Muse hält die Theaterleitung auch noch fest, als der erste Weltkrieg mit all seinen Schrekken bereits im vollen Gange ist[16].

»Ein Volkstheater für die minderbemittelten Schichten« – das Schiller-Theater

Erst zum Jahresbeginn 1907 erhält Charlottenburg durch die Eröffnung des Schillertheaters ein Schauspielhaus. Wesentlich intensiver als beim Theater des Westens ist die Stadt am Bau und der Gründung dieses Theaters beteiligt. Im Dezember 1893 bereits hatte sich in Berlin eine Aktiengesellschaft »Berliner Schillertheater« gegründet, die im angemieteten Wallner-Theater ab 1894 den Vorstellungsbetrieb aufgenommen hatte. Völlig im Gegensatz zu den damals vorherrschenden profitheischenden Aktiengesellschaften und ihren »Geschäftstheatern« hat die Schillertheater-AG von Beginn an ausschließlich gemeinnützige, volksbildende und soziale Ziele vor Augen. Das Schiller-Theater habe sich eine »doppelte Aufgabe gestellt: 1. gegen möglichst billige Preise den breiten Schichten der weniger bemittelten Bevölkerung gute Darbietungen der dramatischen Kunst zu schaffen, und 2. auch für den Schauspielerstand auf einer neuen, gesunden Grundlage in finanzieller wie in ethischer Beziehung Fürsorge zu treffen. [...] So nimmt der Spielplan des Schiller-Theaters das gesamte Gebiet des Schauspiels für sich in Anspruch, indem es alles, was Schönes und Gutes von deutschen und ausländischen Dichtern geschaffen ist, in sauberer und abgerundeter Darstellung vorführt, ohne eine besondere Richtung oder Mode zu bevorzugen und ohne sogenannte Zugstücke zu Tode zu spielen.«[17]

Mit ihren sehr billigen Eintrittspreisen[18] bindet die Schillertheater-Gesellschaft bald einen großen Stamm von Abonnenten an ihr Theater. Außerdem bietet sie statt der üblichen Theaterzettel regelrechte Programmhefte mit Werkeinführungen, literarischen Feuilletons und Informationen zum jeweiligen Autor. Mit großem Erfolg veranstalten die Betreiber auch Schüleraufführungen sowie sogenannte Dichter- bzw. Tondichterabende. In Lesungen und Musikproben wird an solchen Abenden dem Publikum jeweils ein Autor oder Komponist nahegebracht. So erfolgreich die Schillertheater-Gesellschaft ihre neue und ambitionierte Auffassung von »Volkstheater« voranbringt, so schmerzlich verspürt sie das Fehlen eines eigenen Hauses. Im Juni des Jahres 1900 hat der Direktor und Gründer der Gesellschaft Raphael Löwenfeld daher eine erste Unterredung mit dem Charlottenburger Oberbürgermeister Schustehrus, der sogleich von Löwenfelds Initiative angetan ist. Doch erst drei Jahre später unterbreitet die Schillertheater-AG der Stadt eine konkrete Offerte. Schustehrus vertritt die Errichtung eines Schillertheaters in Charlottenburg vor der Stadtverordnetenversammlung bezeichnenderweise nicht als kulturelle, sondern als sozialpolitische Aufgabe ersten Ranges:
»In einer modernen Großstadt, in der sich die Menschen unausgesetzt in schwerer, hastender, aufreibender Arbeit mühen, die zumeist auf die Erzielung und Erhöhung realer Werte und Gewinne gerichtet ist, ist ein dringendes, ja notwendiges Bedürfnis ein gutes volkstümliches Theater, das als eine Stätte der geistigen Erholung und Erheiterung und der seelischen Erhebung dient, das ein Gegengewicht für die reale Tagesarbeit bietet, indem es die edlen, reichen Schätze unserer National- und der Weltliteratur, die in den Werken der Dichter uns überkommen sind, durch Vorstellungen in schöner Form vermittelt und so auch den idealen Sinn in der Brust des Menschen wieder weckt, stärkt und fördert.«[19]

Schiller-Theater

THEATER
PUSCH+HÜSKES
Ursula Karusseit in HASE HASE. Foto: Christian Brachwitz
Schiller Theater und Werkstatt Bismarckstraße 110 Schloßpark Theater Schloßstraße 48
Tel. 3 12 65 05 und 7 93 15 15 Kartenverkauf jeweils 3 Wochen im voraus
Kasse täglich ab 12 Uhr bis Vorstellungsbeginn · Eine Stunde vor Vorstellung nur Abendkasse.

Um die Bedingungen der Partnerschaft, die Löwenfelds Gesellschaft und die Kommune zur Errichtung des neues Theaters eingehen wollen, entsteht bald ein langdauerndes Tauziehen. Über Finanzierung, Standort und Betriebsrisiko wird heftig debattiert. Konkurrenten treten auf den Plan: Die Flora-Terrain-Aktiengesellschaft, die gerade das Gelände des einstigen Unterhaltungsetablissements abräumt und mit Mietskasernen bebaut, wittert eine gewinnbringende Möglichkeit zur Restverwertung für den Kaisersaal der bankrotten Flora. Alois Prasch, Direktor des Theaters des Westens, will plötzlich gleich neben dem Theater des Westens ein Schauspielhaus errichten.
Die Haus- und Grundbesitzervereine lehnen Löwenfelds zunächst in der Nähe des Kurfürstendamms geplantes »Volkstheater für die minderbemittelten Schichten« vollkommen ab. Sie fürchten negative Auswirkungen auf Haus- und Grundstückspreise wie um den Ruf der vornehmen Gegend.
Angesichts dieser Widerstände gegen den projektierten Standort in der Schlüterstraße wählt die Stadt als Baugrund den heutigen Standort an der Bismarckstraße. Die Stadtgemeinde verpflichtet sich nach etlichen Beratungen zudem, der Schillertheater AG einen Kredit über 2 Millionen Mark für den Bau des Theaters zu gewähren und die Gesellschaft als Generalpächter und Generalunternehmer einzusetzen. Nach einem Wettbewerb werden im Oktober 1905 die Münchener Architekten Heilmann und Littmann mit dem Bau des Theaters beauftragt.

Die Erbauer des Münchener Prinzregententheaters nehmen sich die Form des antiken Amphitheaters zum Vorbild. Ihr Schillertheater soll erklärtermaßen »ein demokratisches Haus sein, ohne Betonung von Rang- und Klassenunterschieden.«[20] Es steht wenig Geld zur Verfügung für das bis zu 1450 Personen fassende Theater, dem ein Restaurantgebäude mit Terrasse und Garten und ein Volksunterhaltungssaal (für die Dichterabende und als Probebühne) angegliedert sind.

Die betont schlichte und moderne Ausgestaltung des ganzen Hauses ist aber nicht bloß Reverenz an die Sparzwänge, sondern gleichermaßen Programm:
»Der Gedanke des Volkstheaters, das nicht auf brillantengeschmückte weibliche Logengäste rechnet und keinen Toilettenluxus fördert, sondern die ganze Aufmerksamkeit der Zuschauer auf die Bühne konzentrieren will, kurz auf jegliche höfische und gesellschaftliche Prachtentfaltung verzichtet, kommt in dieser spärlichen Beleuchtung des Zuschauerraumes zum Ausdruck.«[21]

Am 1. Januar 1907 wird das Charlottenburger Schillertheater mit einer Aufführung der »Räuber« eröffnet. Während die treuen und dankbaren Abonnenten in den nächsten Jahren dem Haus seine Rentabilität garantieren, tadelt die Kritik die Mittelmäßigkeit von Regie und Darstellung. Publikumsgeschmack und Repertoiresystem verhindern nach ihrer Meinung den Mut zu modernen Inszenierungen und zu Uraufführungen. So polemisiert der Kritiker Siegfried Jacobsohn 1911 gegen das mittelständische Publikum:
»Es applaudiert bei Kraatz so hitzig wie bei Hebbel, weil es überhaupt glücklich ist, im Theater zu sitzen und bunte, spannende, lustige, schaurige und jedenfalls irgendwie unterhaltsame Vorgänge zu verfolgen.«[22]
Auf einen Kollegen Jacobsohns allerdings macht dieses so neue Theaterpublikum durchaus einen positiven und überaus sympathischen Eindruck:
»Hier war schlichter Mittelstand, offenbar aus sehr verschiedenen Berufsarten gemischt, aber überall sah man erwartungsvolle, empfängliche Gesichter, so verschieden an Alter auch Männlein und Weiblein waren. Als der Vorhang aufging: lautlose Stille in dem überfüllten Hause, eine wahre Tempelandacht.[23]

Wie alle anderen Bühnen spielt das Schillertheater im ersten Weltkrieg mit Begeisterung patriotische und nationalistische Tendenzstücke. Aber der Krieg und die folgende Inflation führen die Aktiengesellschaft 1923 in den Bankrott. Das Haus der Schillertheater-Gesellschaft wird jetzt zur Filiale der Preußischen Staatstheater.[24] Seither ist das Schillertheater zwar weniger ein mittelständisches Volkstheater; jedoch seine Funktion als eigentliches Charlottenburger »Stadttheater« übt es weiterhin noch etliche Jahre aus.

Das Arbeitertheater im Charlottenburger Volkshaus

Seitdem sich im Norden der Stadt und im benachbarten Spandau größere Fabriken niedergelassen haben, wohnen in der expandierenden Großstadt Charlottenburg auch immer mehr Arbeiterfamilien. Damit bekommt die Sozialdemokratie in der Stadt Bedeutung. Auf dem Grundstück des ehemaligen Sinnig'schen Schauspiels in der Rosinenstraße (heute Loschmidtstraße) läßt der sozialdemokratische Stadtverordnete Paul Hirsch 1902 ein »Volkshaus« als Treffpunkt der Arbeiterschaft und Zentrum der örtlichen SPD bauen. Im Jahre 1908 nimmt in diesem Gebäude auch der soeben in Nowawes gegründete »Bund der Arbeitertheater-Vereine Deutschland« (DATB) seinen Sitz. Daß dessen Mitgliedsvereine im allgemeinen nur organisierte Sozialdemokraten und Arbeiter aufnehmen, wirkt sich indes äußerst nachteilig auf die Mitgliederzahl des Bundes aus. Angesichts von rund 20.000 um diese Zeit im Deutschen Reich existierenden Amateurtheatergesellschaften, Vereins- und Gelegenheitsbühnen nimmt sich der sozialdemokratische DATB mit lediglich 65 Mitgliedsvereinen zahlenmäßig völlig unbedeutend aus.
Und mit seinen insgesamt nur knapp 1000 organisierten Mitgliedern wird der DATB nicht einmal von der Sozialdemokratie und den Gewerkschaften beachtet, geschweige denn als Parteiorganisation angesehen. Ja, die Sozialdemokratie steht den schauspielenden Arbeitern sogar ablehnend gegenüber: Sie glaubt, daß das Laienspiel den Arbeitern die Zeit für den Besuch der Parteiveranstaltungen nehme. Ihre Theaterdarbietungen seien bürgerlich oder

einfach schlecht, wird von den Funktionären argumentiert. 1912 werden wegen der wiederholten Vorwürfe und Probleme innerhalb des DATB Forderungen laut, zunächst in Berlin versuchsweise eine Theaterschule einzurichten. Neben Sprechübungen und dem Erlernen der Betonungsregeln sollen hier die Beherrschung der Gesichtsmuskeln und des Zeitgefühls geübt werden.
Als die geforderte Theaterschule am 5. Juni 1912 im Saal des Charlottenburger Volkshauses eröffnet wird, sind 70 Interessierte anwesend. 50 Teilnehmer melden sich für den an elf Abenden stattfindenden, zwei Mark teuren Kurs an. Am letzten Abend des Kurses sind kaum ein Dutzend von ihnen übriggeblieben. Zu weit sind die Entfernungen und zu groß die abendlichen Strapazen. Damit ist das ungewöhnliche Experiment der theaterbegeisterten Arbeiter gescheitert[25].

Opern für die Bürger – das Deutsche Opernhaus

Als im Jahre 1909 ein privater »Großer Berliner Opern-Verein« mit dem Wunsch nach dem Bau eines bürgerlichen Opernhauses an die Stadt Charlottenburg herantritt, scheint die Form der Kooperation durch das erfolgreiche Modell des Schillertheaters bereits vorgegeben. Der im Juli 1907 ins Leben gerufene »Große Berliner Opern-Verein« unter der Leitung des Komponisten Engelbert Humperdinck hat sich zum Ziel gesetzt, in einem zu bauenden bürgerlichen Opernhaus vornehmlich die Werke Richard Wagners aufzuführen. 2300 Plätze soll das neue Theater einmal fassen und als Standort bietet sich wie selbstverständlich Charlottenburg als wohlhabende und bürgerlich geprägte Nachbarstadt Berlins an. Zunächst neigen die Charlottenburger Stadtverordneten aber noch einem anderweitigen Opernprojekt – der Kurfürstenoper – zu. Doch aufgrund einer massiven Werbekampagne gewinnt der Berliner Opern-Verein zur Jahreswende 1910/11 bereits so viele Abonnenten und Befürworter, daß sich die Stadt dem Projekt kaum noch entziehen kann.

Obwohl die Realisierung des Unternehmens noch in keiner Weise geklärt ist, sind die Bürger Berlins und Charlottenburgs euphorisiert durch die Möglichkeit, sich an der Schaffung eines demokratisch organisierten, bürgerlichen Opernhauses zu beteiligen. Kaufleute, Fabrikanten, Beamte, Ärzte, Ingenieure und Architekten sichern sich das erstaunlich preiswerte Voraus-Abonnement (Preise zwischen 0,80 und 3,80 Mark) in so großer Zahl, daß Spötter nur noch von einer »Mittelstandsoper« sprechen. 39 Prozent der potentiellen Besucher kommen aus Charlottenburg, 23 Prozent aus Berlin, die restlichen aus den übrigen westlichen Vororten[26].
Zur Jahresmitte 1911 schließen die soeben gegründete »Deutsche-Opernhaus-Betriebs-AG« und die Stadt Charlottenburg nach dem Modell des Schillertheaters einen Kooperations- und Pachtvertrag. In diesem Vertrag räumt die Aktiengesellschaft allerdings der Stadt dermaßen weitgehende Rechte in künstlerischen wie wirtschaftlichen Fragen ein, daß sie äußerst abhängig von der Kommune wird. So trägt die Betreibergesellschaft zwar allein das volle wirtschaftliche Risiko, aber die Stadt bürdet ihr dennoch einen nicht unwesentlichen Pachtzins und beachtliche Kautionen und Anschaffungskosten auf. Schon bei der Wahl Georg Hartmanns zum ersten Intendanten des Hauses sind sich die Vertreter von Stadt und Gesellschaft uneins. Im Juli 1911 beginnen die Bauarbeiten für das vom Stadtbaurat Heinrich Seeling konzipierte Rangtheater. Der über 3,2 Millionen Mark teure klassizistische Zweckbau ist mit modernster Bühnentechnik ausgestattet und verfügt bei seiner Eröffnung über die größte Bühne der Welt (28 Meter Breite und 20 Meter Tiefe)[27]. Nach nur 16 Monaten Bauzeit hebt sich im neuen »Deutschen Opernhaus« – so nennt man das Haus aus Prestigegründen – zur Musik von Beethovens »Fidelio« erstmals der Premierenvorhang.
Mit soliden und prächtig ausgestatteten Inszenierungen sichert sich Intendant Georg Hartmann die Gunst des Publikums. So ist im Deutschen Opernhaus im März 1913 erstmals in Deutschland Puccinis »Mädchen aus dem goldenen Westen« zu sehen.

Ein knappes Jahr später erleben die Zuschauer die erste Aufführung des »Parsifal« außerhalb Bayreuths. Im Repertoire überwiegen romantische Opern des 19. Jahrhunderts, wobei hauptsächlich die Werke Carl Maria von Webers und Beethovens, aber auch Richard Wagners Opern im Mittelpunkt des Interesses stehen.
Durch Krieg und Inflation gerät Anfang der zwanziger Jahre auch das Deutsche Opernhaus finanziell ins Wanken. Mehrfache Eintrittspreiserhöhungen, Querelen mit der Stadt, ein naiv bis egoistisch wirtschaftender Aufsichtsrat und künstlerische Mittelmäßigkeit führen das Theater in eine tiefe Dauerkrise. Zwar gewinnt der neue Generalmusikdirektor Leo Blech in der Spielzeit 1923/24 die Gunst von Publikum und Kritik zurück, doch seine Engagements bekannter Gastsänger belasten den ohnehin überstrapazierten Etat zusätzlich.
1924 muß die Betriebs-Aktiengesellschaft schließlich Konkurs anmelden, da sie zahlungsunfähig ist. Die Parallelen zum Schicksal des Schillertheaters sind deutlich. Im folgenden Jahr wird das inzwischen von der Stadt Berlin übernommene Theater als nunmehr »Städtische Oper« wiedereröffnet.

Von der Kurfürstenoper zum Künstlertheater

Anstatt des Deutschen Opernhauses in der Bismarckstraße wäre beinahe ein inzwischen abgerissenes und heute so gut wie vergessenes Theater in der Nürnberger Straße zum quasi städtischen Opernhaus erkoren worden. Der Sänger, Dirigent und Theaterdirektor Angelo Neumann hatte noch vor dem Berliner Opern-Verein die Stadtverordneten Charlottenburgs um ihre Hilfe und Unterstützung angegangen. Auf einem Grundstück am nördlichen Ende der Nürnberger Straße will Neumann eine »Kurfürstenoper« errichten. Mit rund 1000 Plätzen verspricht der Bau weniger aufwendig und risikoträchtig zu werden als das vom Opern-Verein vorgeschlagene Haus an der Bismarckstraße. Aber nach Angelo

Der Zuschauerraum des Schloßtheaters um 1900

Neumanns plötzlichem Tod im Dezember 1910 läßt die Stadt dieses Projekt fallen.
Mit der Unterstützung privater Finanziers kann die Kurfürstenoper am 7. Dezember 1911 aber dennoch eröffnet werden[28]. Das nach Plänen der Architekten Hildenbrand und Nicolaus ursprünglich als Operettentheater gedachte Haus liegt aufgrund beengter Raumverhältnisse mit seiner Hauptfassade ganz in der Gebäudeflucht der Nürnberger Straße. Pächter und Direktor des Hauses ist Maximilian Moris, der seinem »Geschäftstheater« mit Henri Cains Massenoper »Quo Vadis?« im Februar 1912 zu einem überwältigenden Erfolg verhilft. Prächtige Dekorationen, ein Riesenaufgebot an Statisten und vordergründige Effekte bringen das Publikum zum Jubeln. Doch schon drei Monate später muß Moris von seiner Direktion zurücktreten: Die immensen Aufwendungen für Material und Personal sind nicht mehr zu bezahlen. Auch sein Nachfolger Victor Palfi hält sich nur wenige Monate.

Nach einem Umbau durch den damals wohl bedeutendsten deutschen Theaterarchitekten Oskar Kaufmann übernimmt die sogenannte »Deutsche-Künstler-Theater-Societät« das Haus. Der Dichter Gerhart Hauptmann sowie Mitglieder aus dem früheren Ensemble des Regisseurs Otto Brahm wollen in ihrem »untyrannisch geführten« Sozietätstheater zumindest teilweise naturalistische Dramen aufführen. Doch die Teilhaber zerstreiten sich über die Gestaltung des Spielplans, das Repertoire schwankt zwischen Naturalismus und Unterhaltung, die Finanzen stehen schlecht. Zum Jahresende 1914 – inzwischen ist der Krieg ausgebrochen – muß die Gesellschaft trotz bekannter Namen wie Tilla Durieux, Emil Jannings, Adele Sandrock und Paul Wegener aufgeben.
So wird 1915 Victor Barnowsky neuer Pächter und macht das Haus in der Nürnberger Straße zu einer Filiale des gleichfalls von ihm geführten Lessingtheaters. Vorwiegend heitere Unterhaltungsstücke zeigt er in der Nürnberger Straße. Die Komiker Curt Goetz und Max Adalbert feiern hier Triumphe mit von Goetz geschriebenen

Stücken. 1922 erleben die Berliner im Künstlertheater Konstantin Stanislawskis weltberühmte Moskauer Tschechow-Inszenierungen. Doch trotz allen Erfolgen: Als 1924 die kapitalkräftigen Rotter-Brüder – die mit Operetten und Revuen sich einen ganzen Theater-»Trust« aufzubauen verstehen – Barnowskys Lessingtheater als Operettenbühne an sich reißen, muß dieser auch das Künstlertheater aufgeben. Nach wechselnden Direktionen wird das Theater schließlich 1935 zum »Kleinen Haus des Staatstheaters« am Gendarmenmarkt. Im zweiten Weltkrieg wird das Gebäude durch Bomben zerstört und später abgetragen. Heute befindet sich auf dem inzwischen zum Bezirk Tiergarten gehörenden Grundstück die Zentrale der Berliner Grundkreditbank[29].

Epilog: Aus der Großstadt wird ein Verwaltungsbezirk

Nach dem ersten Weltkrieg zählt die einstmals so wohlhabende und stolze Bürgerstadt Charlottenburg um die 340.000 Einwohner. Doch mit der andauernden räumlichen, verkehrstechnischen, wirtschaftlichen und verwaltungsmäßigen Ausdehnung sind die beiden Nachbarstädte Berlin und Charlottenburg zusammengewachsen. Schon zur Jahrhundertwende begannen deshalb Bestrebungen, die Vororte Berlins in ein neues Groß-Berlin einzugemeinden. Im Oktober 1920 ist es schließlich soweit: Die Stadt Charlottenburg verliert ihre administrative Selbständigkeit und wird zu Berlins 7. Verwaltungsbezirk. Aber der um 1900 einsetzende allgemeine »Zug nach Westen« dauert ungebrochen fort. Der Kurfürstendamm und die Tauentzienstraße werden zu glitzernden Vergnügungsboulevards und Einkaufsmeilen. Und immer noch sind es die Theater, die den Weg nach Westen weisen: Die legendären Uraufführungen expressionistischer Werke von Ernst Toller und Walter Hasenclever im kleinen Theater Tribüne stehen am Beginn dieser so aufregenden wie aufgeregten zwanziger Jahre. Im Oktober 1922 eröffnet Ferdinand Bruckner sein Renaissance-Theater, im »Landwehr-Kasino« in der Jebensstraße wechseln die Namen der dort residierenden privaten Pachttheater beinahe jährlich. Die Komödie und das Theater am Kurfürstendamm werben derweil um das gutsituierte Publikum. Die Künstler, Schauspieler und Intellektuellen hocken unterdessen im Café des Westens und im Romanischen Café zusammen. Ohne Ende scheint im Neuen Westen die Zahl der Kabaretts, Kleinkunstkeller, Varietés, Lokale und Theater...

[1] Die Bauwerke und Kunstdenkmäler von Berlin. Stadt und Bezirk Charlottenburg, hrsg. von Paul Ortwin Rave, bearb. von Irmgard Wirth, Berlin 1961, Textband (im folgenden: Rave/Wirth), S. 22.

[2] Rave/Wirth, S. 26.

[3] Marie-Luise Kreuter: Türkisches Zelt. Otto-Suhr-Allee 50-54, in: Geschichtslandschaft Berlin. Orte und Ereignisse, hrsg. von H. Engel, St. Jersch-Wenzel, W. Treue, Bd. 1 Charlottenburg, Berlin 1985, (im folgenden: Geschichtslandschaft Berlin. Charlottenburg), Teil 1, S. 319-328, hier S. 325.

[3] zitiert nach Andreas Hoffmann: Das Gelände der Technischen Universität, in: Geschichtslandschaft Berlin. Charlottenburg, Teil 1, S. 537.

[5] Neues Charlottenburger Intelligenzblatt vom 31.1.1880.

[6] Neues Charlottenburger Intelligenzblatt 3.2.1880.

[7] Vgl. Neues Charlottenburger Intelligenzblatt vom 29.5.1873, 19.2.1880, 26.2.1880.

[8] Vgl. Neues Charlottenburger Intelligenzblatt 14.3.1880.

[9] Deutscher Bühnenalmanach, hrsg. von Th. Entsch, 1888, S. 78. Außerdem weist der Deutsche Bühnenalmanach 1874 ein »Sommertheater im Schloß Ruhwald«, Saison vom 1. Juni bis zum 1. September, nach.

[10] Vgl. Deutscher Bühnenalmanach 1877.

[11] Harald Reissig: Das Flora-Gelände. Zwischen Charlottenburger Ufer und Otto-Suhr-Allee, in: Geschichtslandschaft Berlin. Charlottenburg Teil 1, S. 113-128. – Eintrag: Charlottenburg, Flora (Sommeroper), in: Neuer Theateralmanach, hrsg. von der Genossenschaft Deutscher Bühnenangehöriger, Berlin, Jge. 1892, 1893.

[12] Paul Blumenreich: Das Theater des Westens. Festschrift und Epilog, Berlin 1896, S. 7f.

[13] Ebd., S. 67.

[14] Otto Weddigen: Geschichte der Theater Deutschlands Bd. 1, Berlin o.J. (um 1902), S. 413.

[15] Paul Linsemann: Die Theaterstadt Berlin. Eine kritische Umschau, Berlin 1897.

[16] Vgl.: Theater des Westens, Text: Einhard Luther, hrsg. vom Theater des Westens, Berlin 1979. – Barbara Sasse: Das Theater des Westens. Kantstraße 8-12, in: Geschichtslandschaft Berlin. Charlottenburg, Teil 2, S. 357-377.

[17] Vorlage zur Stadtverordnetenversammlung am 10.6.1903, zitiert nach R. Löwenfeld: Das Schillertheater, in: Max Littmann: Das Charlottenburger Schillertheater, Berlin 1907, S. 16.

[18] 1907 reichen im Charlottenburger Schiller-Theater die Eintrittspreise von 40 Pfennig bis 2,10 Mark, während sie im benachbarten Theater des Westens zwischen 1,30 Mark (Stehparkett) und 8,20 Mark kosten. Vgl. hierzu: Theater und Sehenswürdigkeiten von Berlin, hrsg. vom Berliner Lokalanzeiger, Berlin 1907, S. 8f.

[19] Vorlage zur Stadtverordnetenversammlung am 10.6.1903, zitiert nach Littmann, a.a.O., S. 15.

[20] Littmann, a.a.O., S.22.

[21] Bühne und Welt 9 (1907), Bd. 1, S.328, zitiert nach Dieter Schütte: Ein Volkstheater für Charlottenburg. Zur Entstehungsgeschichte des Schillertheaters an der Bismarckstraße, in: Berlin-Forschungen, hrsg. von Wolfgang Ribbe, Bd. 3, Berlin 1988, S. 53-106, hier S. 92.

[22] Die Schaubühne 7 (1911), S.154, zitiert nach Schütte, a.a.O., S. 102.

[23] K. Strecker: Der Niedergang Berlins als Theaterstadt, zitiert nach Schütte, S. 103.

[24] Berthold Grzywatz: Schillertheater. Bismarckstraße 110. in: Geschichtslandschaft Berlin. Charlottenburg Teil 1, S. 408-442, S. 418f.

[25] Peter von Rüden: Sozialdemokratisches Arbeitertheater (1848-1914). Ein Beitrag zur Geschichte des politischen Theaters, Frankfurt a.M. 1973, S. 176-209.

[26] Detlef Meyer zu Heringsdorf: Das Charlottenburger Opernhaus von 1912 bis 1961. Phil. Diss. FU Berlin 1988, Bd. 1, S. 14.

[27] Barbara Sasse: Deutsche Oper. Bismarckstraße 34-37, in: Geschichtslandschaft Berlin. Charlottenburg Teil 1, S. 443-458, S. 443f.

[28] Meyer zu Heringsdorf, a.a.O., Bd. 1, S. 13 u. 125f.

[29] Harald Reissig: Das Deutsche Künstlertheater, in: H. Engel, St. Jersch-Wenzel, W. Treue (Hrsg.): Geschichtslandschaft Berlin. Tiergarten, Teil 1, Berlin 1989, S. 366-381. – Renate Richter: Das Deutsche Künstler-Theater unter Victor Barnowsky (1915-1924). Eine Untersuchung unter Berücksichtigung der zeitgenössischen Kritik, Berlin 1970.

Hans Pfitzner
Zeichnung von Emil Stumpp, 1926

Einhard Luther

Oper in Charlottenburg

Die Flora-Oper im Palmengarten

So unwahrscheinlich es angesichts des Klimas in unseren Breiten klingt: Die Charlottenburger Operngeschichte des 19. und 20. Jahrhunderts begann unter Palmen.
1869 kaufte der gewitzte Berliner Geschäftsmann Carstenn das geschichtsträchtige Gelände zwischen dem Charlottenburger Ufer und der damaligen Berliner Straße, der heutigen Otto-Suhr-Allee. Hier, in unmittelbarer Nähe zum Charlottenburger Schloß, aber in sicherer Entfernung vom Berliner und Potsdamer Hof, hatte einst Wilhelmine Enke gelebt, die langjährige Geliebte des Preußenkönigs Friedrich Wilhelm III.
1871 gründete Carstenn die Aktiengesellschaft »Flora« und eröffnete 1874 das gleichnamige Vergnügungsetablissement, das in Charlottenburg und im nahen Berlin schnell Furore machte. 1875 veranstaltete ein französischer Luftschiffer vom »Flora«-Garten aus regelmäßige Gondelfahrten, 1876 wurde der »Flora-Ring« eröffnet, eine Rollschuh-Bahn, die im Winter in eine Spritz-Eisbahn umgewandelt wurde, und 1881 gastierte Buffalo Bill mit seinen Indianern. Am 7. August 1881 fand hier das erste Berliner Radrennen statt. Das Palmenhaus war als »größter Palmengarten Europas« berühmt.

Erster Geschäftsführer des sogenannten »Flora-Festsaals« wurde ein Herr von Rhaden. Seine Eignung für dieses Amt bestand darin, daß er der Ehemann der berühmten Sängerin Pauline Lucca war. Man hoffte freilich vergeblich, die beliebte Primadonna der Hofoper auf diese Weise nach Charlottenburg zu locken.

Trotzdem errichtete man an der Stirnseite des großen Festsaals eine Bühne, und hier bot seit 1891 die »Flora-Sommeroper« den damals 50.000 Einwohnern der schnell wachsenden »Nachbarstadt Berlins« Aufführungen allerdings wohl recht bescheidener Qualität. Laut Bühnenalmanach bestand die »Flora-Oper« bis zum 30. August 1896. Charlottenburgs Bevölkerung war inzwischen auf 125.000 angewachsen.
Der später in Verbindung mit Paul Lincke bekannte Heinrich Bolten-Baeckers engagierte einige damals prominente Sänger wie Martha Eichberger, Oscar Feuge oder Dr. Richard Banasch, um eine anspruchsvolle Aufführung der Oper »Der Überfall« von Heinrich Zöllner herauszubringen. Das gehörte sich freilich auch: Schließlich handelte es sich um ein vaterländisches Werk, das eine Episode aus dem Kriege von anno 1870 behandelte. 1896 endete die erste Etappe der Charlottenburger Operngeschichte, um nur ein Jahr später einige Kilometer weiter berlinwärts im »Theater des Westens« wieder aufzuleben.

Das Theater des Westens

Charlottenburgs Theater-Enthusiasmus hatte sich bis in die benachbarte Hauptstadt herumgesprochen. Ernsthafte Bewerber um die Publikumsgunst traten auf den Plan, aber auch mancher Boden-Spekulant sah die Konjunktur der kommenden Jahre voraus. Als kühnster Unternehmer kaufte der Architekt Bernhard Sehring 1895 den Kohlenplatz der Meierei Bolle und verkündete zu aller Erstaunen, er wolle hier, auf halber Strecke zwischen Berlin und Charlottenburg, ein Monumentaltheater bauen. Damals gab es kaum ein Wohnhaus in der Zoo-Gegend, und die nächste geschlossene Siedlung lag weit jenseits des heutigen Savigny-Platzes.

Am 4. September 1895 legte Sehring den Grundstein zum »Theater des Westens«. Ein Jahr später, am 1. Oktober 1896, fand die Eröffnungsvorstellung statt, einen Monat nach dem mehr oder weniger rühmlichen Ende der Flora-Oper.

Streit um das neue Haus gab es schon viel eher. Seit seinem Bestehen geriet das »Theater des Westens« immer wieder in die Schlagzeilen, taumelte von einer Pleite zum nächsten Bankrott – und war trotzdem eine Bereicherung des Charlottenburger und später Berliner Theaterlebens.

Was Bauherr Sehring da geschaffen hatte, wagte er laut gar nicht zu sagen. »Darbietungen von Schau- und Lustspielen sowie Volksstücke mit Musik« gestattete die Theaterbetriebsgenehmigung dem neuen Haus – das konnte alles und nichts bedeuten.

Sehrings Freund Paul Blumenreich, ein bekannter Journalist und Schriftsteller, wurde erster Direktor. Das Innere seines Theaters hat er nie gesehen: Noch vor der Eröffnung gab es Kontroversen, und Blumenreich brachte eine »Festschrift« heraus, in der er auf 69 Textseiten mit allen Beteiligten – Direktoren, Geldgebern, Baumeistern und Kaufleuten – erbarmungslos abrechnete. Interessanterweise betont diese eher »Streitschrift« zu nennende Publikation die schon vor der Grundsteinlegung geäußerte Absicht, ein Opernhaus zu errichten.

Offenbar fand Sehring zunächst keinen Interessenten für seine Opernpläne. Nachdem Paul Blumenreich abgeschoben war, übernahm Friedrich Witte-Wild das noch nicht eröffnete Theater, wählte für den Jungfern-Abend das Märchenstück »1001 Nacht« des Dänen Holger Drachmann und war nach vier Monaten mit seinem Latein – und seinem Etat – am Ende. Seine Theaterpraxis hatte er sich am Breslauer Lobe-Theater erworben, vielleicht nicht die beste Schule für Berlin ... Für den gescheiterten Direktor führte Hausregisseur Max Hofpaur die Spielzeit zu Ende, war jedoch nicht daran interessiert, weiterhin die Leitung des Theaters zu übernehmen.

Das geeignete Repertoire für das neue Haus stellte als erster der Impresario Heinrich Morwitz vor: Er gastierte 1897 mit seiner

Sommeroper und übernahm damit die Nachfolge der Flora-Oper. In Charlottenburg spielte die »Morwitz-Oper« zwar nur 1897 und 1898, wurde aber in den folgenden Jahren andernorts ein fester Begriff im Berliner Opernleben.

Das Theater des Westens machte der Meininger Alt-Komödiant Aloys Prasch im Herbst 1897 erst einmal wieder zum Schauspielhaus. Da Berlin schon ein »Lessing«- und ein »Schiller«-Theater besaß, nannte er es stolz »Goethe«-Theater – und war nach einer Spielzeit so bankrott wie seine Vorgänger. In zwei Jahren hatten vier Direktoren bewiesen, daß dieses Haus für Schauspielaufführungen nicht geeignet war.

Nun war Max Hofpaur bereit. Seine zweite Direktion eröffnete er am 15. September 1898 mit einer grandiosen »Hugenotten«-Aufführung. Charlottenburg hatte sein erstes – und Berlin sein zweites – »ganzjährig«, das heißt zehn Monate, spielendes Opernhaus. Der gelernte Schauspieler Hofpaur erwies sich als berufener Opernchef, vielleicht, weil er einen fachkundigen Partner gefunden hatte: Sein Co-Direktor war Hugo Becker, einige Jahre zuvor noch Leiter der »Flora-Sommeroper«. Eine Woche nach der Eröffnungsvorstellung stellte Hofpaur den Berlinern Tschaikowskys »Eugen Onegin« vor und erregte im Dezember 1898 – zwei Jahre nach der Uraufführung – mit Umberto Giordanos Revolutionsoper »André Chenier« Aufsehen, genau dreißig Jahre, bevor sich die Staatsoper an das Werk wagte.

Auch weiterhin brachte Hofpaur interessante Berliner Erstaufführungen heraus: Zöllners »Versunkene Glocke« etwa oder Arnold Mendelssohns heiß umstrittenen »Bärenhäuter«. Siegfried Wagners gleichnamige Oper lief zur selben Zeit in der Hofoper – für die Berliner Opernfreunde besonders pikant, da die beiden Komponisten wegen des Sujets sogar prozessiert hatten. Rubinsteins »Dämon«, Webers »Silvana« oder Bizets »Perlenfischer«, Smetanas »Kuß« oder Hubays »Dorflump« wurden vom Berliner Publikum um so begeisterter aufgenommen, als sich das Repertoire der Hofoper in recht ausgefahrenen Geleisen bewegte. Hofpaur sorgte

auch dafür, daß in den Sommerpausen Operngastspiele im Theater des Westens stattfanden.
Völlig überraschend endete die Ära Hofpaur: Schneller als alle anderen Interessenten hatte sein Vorgänger Aloys Prasch gehandelt und mit dem Eigentümer Sehring einen neuen Pachtvertrag abgeschlossen. Er begann am 12. September 1903 mit der Berliner Erstaufführung des »Dalibor« von Smetana, die immerhin Hans Pfitzner dirigierte. Interessant übrigens, daß die beiden führenden deutschen Komponisten jener Zeit gleichzeitig in Berlin als Dirigenten wirkten: Richard Strauss an der Hofoper und Hans Pfitzner am Theater des Westens.

Mit seiner Blitz-Aktion entfesselte Prasch einen jahrelangen Opernkrieg in Berlin. Hofpaurs einstiger Mit-Direktor Hugo Becker nahm seine Kündigung durch Prasch nicht hin und eröffnete am 29. September 1904 in Berlin-Mitte sein »Nationaltheater« mit einer Aufführung des »Troubadour«. Der Wettkampf mit Prasch war erbittert: Bot das Theater des Westens mit Enrico Caruso einen brandneuen italienischen Opernstar, so zog das Nationaltheater mit dem damals noch berühmteren Alessandro Bonci nach; Zelebritäten wie Lilli Lehmann, Franceschina Prevosti oder Francisco d'Andrade gastierten hier wie dort und belebten den Berliner Opernspielplan. Aber die »ganzjährig« geplante erste Spielzeit des »Nationaltheaters« endete schon nach sechs Monaten: Am 31. Mai 1905 meldete Becker Konkurs an.
Im Theater des Westens dirigierte Hans Pfitzner am 14. Januar 1905 den größten Erfolg der Ära Prasch: Wolf-Ferraris »Neugierige Frauen«. Aber schon bereitete ein neuer Konkurrent das Ende der Ära Prasch vor. Am 17. November eröffnete Hans Gregor die Komische Oper an der Weidendammer Brücke mit »Hoffmanns Erzählungen«. Mit seinem durchdachten Spielplan bot er die ideale Ergänzung zum Repertoire der Hofoper. Dagegen irrte Prasch ziellos durch die verschiedenen Stilformen des Musiktheaters und schwankte zwischen Erfolg und Mißerfolg, obwohl er verzweifelt

ums Überleben kämpfte und Berlins Opernfreunde mit allen Mitteln in sein Theater locken wollte, zuletzt im Juli 1906 durch die Sensation einer italienischen Kinder-Oper: In der Truppe des Impresarios Guerra waren alle Solisten der »Barbier«-Aufführung zwischen zehn und fünfzehn Jahre alt. Im September 1906 brach Prasch zusammen. Vom Theater aus wurde er direkt ins Krankenhaus gebracht, wo er am 20. Februar 1907 starb. Unter seinem Nachfolger Max Monti wurde das Theater des Westens bis 1922 unter wechselnden Direktionen zum Operettenhaus. Die Oper kehrte erst 1914 sporadisch zurück, als Direktor Michaelis unter Eduard von Rezniceks Leitung Wagners »Ring« fünfzehnmal en suite spielte – mit Richard Banasch als Siegfried übrigens, dem Heldentenor der einstigen Flora-Oper.

Große Oper am Kurfürstendamm und Kurfürstenoper

Charlottenburg gab sich mit dem Ende der Oper im Theater des Westens nicht zufrieden. Im Januar 1910 etablierte sich der »Große Opern-Verein«, um ein gewaltiges »Richard-Wagner-Theater« zu errichten, »weit draußen am Kurfürstendamm«, wie die Berliner Presse etwas süffisant schrieb. Nach einem Vierteljahr löste der Verein sich auf; aber die Idee eines Mammut-Theaters am oberen Kurfürstendamm blieb in den Köpfen einiger Immobilien-Spekulanten. Eine neugegründete Aktiengesellschaft machte sich nicht einmal die Mühe, einen neuen Namen zu suchen, sondern nannte sich schlicht »Große Oper« und gewann als künftigen Direktor den legendären Theater-Fachmann Angelo Neumann. Mit Neumanns Tod im Dezember 1910 jedoch löste sich die »Aktiengesellschaft Große Oper« auf, und aus dem geplanten Operntheater wurde ein Boardinghouse, das spätere »Haus Cumberland«, dem es nicht besser ging als dem »Großen Opernverein«: Nach einem Jahr war die Gesellschaft bankrott.

Charlottenburgs nächstes Opernhaus entstand gegenüber dem heutigen Elefantentor an der Ecke Nürnberger und Budapester Straße. Als Hans Gregor 1911 die Komische Oper aufgegeben hatte, rechnete sein Oberregisseur Maximilian Moris damit, Nachfolger an der Weidendammer Brücke zu werden. Gregor zog jedoch andere Käufer vor. Schwer gekränkt wandte sich Moris gen Westen und wurde Direktor der neuen Oper in Charlottenburg. Da die Budapester Straße damals noch ein Abschnitt des Kurfürstendamms war, hieß das neue Theater einfach »Kurfürstenoper«.
Moris begann am 8. Dezember 1911 mit den »Lustigen Weibern von Windsor«, brachte Wolf-Ferraris »Schmuck der Madonna« als Uraufführung und die Berliner Erstaufführungen von »Quo vadis« und »Oberst Chabert«.
Aber gleichzeitig hatte sich im Belle-Alliance-Theater am Halleschen Tor eine sogenannte Volksoper etabliert, die dann als »Lortzing-Theater« eine gefährlich nah gelegene Konkurrenz bedeutete. Im Mai 1912 war Moris bankrott. Sein Nachfolger Victor Palfi konnte den Opernbetrieb bis zum Februar 1913 aufrechterhalten, dann wurde die mit so viel Vorschußlorbeeren bedachte »Kurfürstenoper« geschlossen. Palfis Rechnung, seine aus vorangegangenen Theaterpleiten stammenden elf Millionen Goldmark Schulden durch das Opern-Unternehmen auszugleichen, war nicht aufgegangen.
Nun zog Charlottenburg Lehren aus den Erfahrungen der letzten zwanzig Jahre. Statt sich weiterhin auf mehr oder weniger seriöse Privat-Unternehmer wie Prasch, Moris oder Palfi zu verlassen, hatten die gutsituierten Bürger der »reichsten Stadt Deutschlands« im Frühjahr 1911 die »Opernhaus-Betriebs-A.G.« gegründet. Das neue Theater wurde innerhalb eines Jahres nach dem Plänen des Stadtbaurats Heinrich Seeling hochgezogen. Die Namensähnlichkeit mit dem Erbauer des Theaters des Westens, Bernhard Sehring, ist fast schon ein Hinweis darauf, daß die Geschichte des neuen Charlottenburger Operntheaters mit dem nun schon ein Vierteljahrhundert alten Theater des Westens eng verbunden sein würde.

Es ist merkwürdig, daß die ersten 50 Jahre des »Deutschen Opernhauses« oder der »Städtischen Oper« – je nachdem, welcher Zeitraum gerade gemeint ist – stets beiläufig behandelt oder gar ignoriert werden. Die »Deutsche Oper« jedoch, historisch gesehen die Nachfolge-Organisation im alten Haus, wird in jeder nur denkbaren Form gewürdigt. Zwei einfache Beispiele: Der aufwendige Prachtband »Die Deutsche Oper Berlin« von 1984 widmet den ersten 12 Jahren des Hauses genau zwei (!) Seiten. Der Nachruf auf Donald Grobe von 1986 nennt das »vollständige« Berliner Repertoire des Sängers an der »Deutschen Oper« seit 1961, verschweigt aber seine Partien an der »Städtischen Oper« zwischen 1960 und 1961.
Dabei ist die Geschichte der Charlottenburger »Bürgeroper« in den Jahren und Jahrzehnten der gravierendsten Umwälzungen deutscher Historie mindestens so interessant wie alles, was in der Zeit der »etablierten« und vor allem wohlsubventionierten »Deutschen Oper« geschah.

Am 7. November 1912 wurde das 2300 Personen fassende neue Haus mit Beethovens »Fidelio« eröffnet. Nach anfänglicher Skepsis meinte Adolf Weißmann, Berlins Kritiker-Papst jener Zeit: »Die Neuschöpfung in Charlottenburg, das Deutsche Opernhaus, hat ins Schwarze getroffen ...«
Der erste Direktor Georg Hartmann war ein auf jedem Gebiet erfahrener Opernpraktiker. Von Eugen Hildach und Franz Wüllner ausgebildet, begann er seine Karriere als Sänger in Köln, war dann Theaterdirektor in Rotterdam, Mainz, Nürnberg, Chemnitz, Posen und Halle, ehe er in Königsberg Opernregisseur und Leiter der Opernschule am Ostpreußischen Königlichen Konservatorium wurde. 1907 übernahm er die Leitung des Essener Stadttheaters. In Charlottenburg war es sein Ziel, das »Deutsche Opernhaus« zur ernsten Konkurrenz der Königlichen Hofoper zu machen, was ihm

innerhalb von zwei Jahren gelang. Im ersten Jahrzehnt seines Wirkens brachte er trotz kriegsbedingten Schwierigkeiten vier Uraufführungen und – als wichtigste deutsche Erstaufführungen – Montemezzis »Liebe dreier Könige« und Puccinis »Mädchen aus dem goldenen Westen«. An der Hofoper gab es in dieser Zeit keine Uraufführung und als einzige deutsche Erstaufführung Mraczeks »Der Traum«. Die Königliche Oper erwies Hartmann ihre Reverenz, indem sie ihm immer wieder seine besten Sänger wegengagierte, die Hochdramatische Melanie Kurt etwa, den Heldentenor Alexander Kirchner oder den Heldenbariton Carl Braun, um nur drei Namen zu nennen.

Vier Opernhäuser in Groß-Berlin

Das Ende der Ära Hartmann ist unrühmlich – für das »Deutsche Opernhaus«. Im Dezember 1922 unternahm er mit einigen prominenten Sängern eine Wagner-Tournee durch die USA. Bei seiner Rückkehr im Frühjahr 1923 hinderte man ihn am Betreten seines Büros: Während seiner Abwesenheit hatte man ihn seines Amtes enthoben. Wer immer daraus Nutzen ziehen wollte, wurde enttäuscht: 1924 meldete die »Aktiengesellschaft Deutsches Opernhaus« Konkurs an.

Die Opernsituation in Groß-Berlin hatte sich inzwischen grundlegend verändert. Im Theater des Westens hatte 1922 die »Große Volksoper« ihren Spielbetrieb aufgenommen. Am 1. Januar 1924 wurde am Platz der Republik die alte »Kroll-Oper« als Dependance der Staatsoper neu eröffnet. Es gab also zwei Opernhäuser in Berlin-Mitte und zwei in Charlottenburg – von kleineren, nur zeitweilig bestehenden Institutionen wie etwa der »Volksoper« im Neuen Theater am Zoo in der Jebensstraße nicht zu reden. Charlottenburg hatte offenbar das interessiertere Opernpublikum, aber auch die größeren Nachteile: Die Staatsoper – mit Dependance Kroll-

Oper – wurde vom Staat Preußen getragen. Die beiden Charlottenburger Opern aber belasteten den städtischen Etat. Das bedeutete: entweder Fusion beider Häuser oder Schließung einer der beiden Bühnen – ein offenbar allzeit aktuelles Thema. Merkwürdiges Phänomen: Die »Große Volksoper« war die profiliertere Bühne, hatte Berlin mit »Boris Godunow« bekannt gemacht und eine ganze Reihe interessanter Erstaufführungen zwischen Georg Friedrich Händel und Nikolai Rimsky-Korsakow gebracht, blieb aber glücklos in den Augen des Magistrats. Man entschied sich höchsten Ortes für das »Deutsche Opernhaus«. Über das Vermögen der »Großen Volksoper« wurde im November 1924 das Konkursverfahren eröffnet. Das Theater des Westens kehrte für zehn Jahre zur Operette zurück.

Im Juli 1925 meldete die Presse, die Lage der Berliner Opernhäuser hätte sich geklärt. Bruno Walter, im Verein mit dem Intendanten Heinz Tietjen, übernahm das, was man vorläufig die Berliner Staatsoper nannte ...
Sachlicher als die Nachwelt sah Bruno Walter sein Charlottenburger Wirken: In seinem 445 Seiten starken Buch »Thema und Variationen« räumt er der Städtischen Oper, wo er doch dort mehr als vier Jahre tätig war, gerade sechs Seiten ein. Er übernahm den größten Teil des Hartmann-Ensembles und ergänzte es durch einige prominente Sänger seines früheren Münchner Stamms, darunter auch Wilhelm Rode, den späteren Chef des Hauses. Walter brachte einige spektakuläre Neuigkeiten nach Berlin, überließ aber das Alltags-Repertoire seinen Assistenten und war für damalige Begriffe zu selten anwesend.

1927 übernahm Heinz Tietjen neben der Leitung der Städtischen Oper auch die Intendanz der Berliner Staatsoper, der fortan seine ganze Aufmerksamkeit galt. Der unausweichliche Interessenkonflikt führte dazu, daß Bruno Walter grollend Berlin verließ und Charlottenburgs Opernhaus sich selbst überließ. Am 14. April

Das Hauptportal der Kurfürstenoper

Baumeister Hildebrand, Kurfürstenoper

1929 dirigierte er mit »Fidelio«, der »Schicksalsoper des Hauses«, seine letzte Aufführung in der Bismarckstraße.

Carl Ebert und Max von Schillings

Obwohl Tietjens Doppel-Intendanz ein unhaltbarer Zustand war, ließ sich der Magistrat Zeit mit der Suche nach einem neuen Chef der Städtischen Oper. Tietjens Stellvertreter in Charlottenburg wurde auf zwei Jahre Dr. Kurt Singer, dessen früherer Beruf stets Anlaß zu boshaften Bemerkungen war: Als Leiter eines Opernhauses müsse man schon Nervenarzt sein ...

Mit der Berufung Carl Eberts 1931 gewann die Städtische Oper ihre künstlerische Eigenständigkeit zurück. Die Inszenierungen des ehemaligen Schauspielers, den Berlin von seiner Tätigkeit bei Max Reinhardt noch kannte, waren Sensationserfolge. Die Städtische Oper betonte in ihrem Aufführungsstil das dramatische Element des Musiktheaters und übernahm damit die Rolle der 1931 geschlossenen Kroll-Oper, wo Otto Klemperer dasselbe Prinzip vertreten hatte, mit dem einen Unterschied: Ebert in Charlottenburg hatte das bessere Sänger-Ensemble. Seine Aufführungen überzeugten auch musikalisch, während die Kroll-Oper diesen Aspekt zu sehr vernachlässigt hatte.
Für den heutigen Chronisten ist es fast Pflicht, die Ära Ebert als absoluten Höhepunkt in der Geschichte der Städtischen Oper zu bezeichnen. Das politisch erzwungene Ende seiner Amtszeit und die Ereignisse der folgenden Jahre lassen eine objektive Einschätzung kaum zu, ohne Gefühle zu verletzen und Emotionen zu wecken. Erwähnt sei trotzdem, daß Ebert auch in der Presse seiner Zeit nicht nur Anhänger fand, sondern die Berliner Kritik unabhängig von politischer Couleur in zwei Lager spaltete, je nach Bevorzugung musikalischer oder dramatischer Gesichtspunkte der Musiktheater-Regie.

Eberts Nachfolger wurde zunächst der Komponist Max von Schillings. Seine Berufung war für die Nationalsozialisten eine politische Demonstration: Schillings war während der so verhaßten »Systemzeit« Intendant der Staatsoper gewesen und von der sozialdemokratischen Regierung fristlos entlassen worden. Den neuen Machthabern bot sich die Gelegenheit, ein inzwischen auch von linksgerichteten Politikern eingestandenes Unrecht spektakulär zu korrigieren. Gleichzeitig ließ sich eine Lücke schließen, die man durch Eberts Vertreibung unbedacht gerissen hatte. Aber der redliche Schillings war damals schon vom Tode gezeichnet und dem Ränkespiel der Nazi-Zeit noch weniger gewachsen als seinerzeit den Staatsopern-Intrigen. Er starb in der Nacht vom 23. auf den 24. Juli 1933. Für die Spielzeiten 1933/34 hieß es im Bühnenjahrbuch: »Die Stelle des Intendanten ist zur Zeit nicht besetzt. Die Gesamtverwaltung liegt in den Händen des Magistratsrates Dr. Walter Papenroth.«

Die Reichsoper und das »Ley-Haus«

Zunächst wollte Goebbels die Städtische Oper zum Operettenhaus machen. Im Mai 1934 jedoch berichtete die Presse über die »Sanierung der Städtischen Oper«: durch Umwandlung in eine Reichsoper unter dem Namen »Deutsches Opernhaus«; zum Intendanten wurde von Minister Goebbels der Kammersänger Wilhelm Rode ernannt.

Rodes Berufung war nach 1945 Gegenstand zahlreicher Kommentare und Berichte: Er hätte sich Hitler und Goebbels in niedrigster Form angeboten und so eine Position erlangt, für die er nicht geeignet war. Aber so machte man es sich gewiß zu einfach. Rode war ja 1933 weltberühmter Sänger-Darsteller und in Berlin prominenter Star der Städtischen Oper aus Bruno Walters Tagen. Hitlers Vorliebe für ihn hatte einen ganz banalen Grund: Er hatte Rode in München oft – der Fama nach vierundzwanzigmal – als Hans Sachs

erlebt. Daß er den verehrten Künstler nun auszeichnen wollte, entschied gleich über zwei Charlottenburger Opernhäuser.
Anstatt die Städtische Oper zum Operettentheater zu machen, beanspruchte Goebbels nun die neu geschaffene »Reichs-Oper« für sich als Gegenstück zur Staatsoper, die dem preußischen Ministerpräsidenten Göring unterstand. Die Rivalität der beiden führenden Paladine Hitlers rief einen weiteren Parteigenossen auf den Plan: Arbeitsminister Ley wollte nun auch ein Opernhaus für sich. Nach zehn Jahren als Operettentheater wurde das Theater des Westens wieder zur »Volksoper«, vom stets wachen Berliner Volkswitz boshaft »Ley-Haus« genannt.
Im »Deutschen Opernhaus« hatte Rode große Lücken im Ensemble zu schließen und in der Kantstraße mußte der neue Volksoper-Intendant Erich Orthmann ein ganz neues Ensemble aufbauen ...

Zwischen »Deutschem Opernhaus« und »Deutscher Oper«

Noch unter dem Firmenschild »Deutsches Opernhaus« eröffnete »Fidelio« am 4. September 1945 die Operngeschichte im Nachkriegs-Charlottenburg. Auch in seiner neuen Funktion blieb das Theater des Westens jedoch seiner Geschichte treu: Im Anfang war die Intrige ...
Zum ersten Intendanten hatte die sowjetische Besatzungsmacht Heinz Tietjen berufen. Ein Gremium »unbelasteter« Künstler schilderte dem General Bersarin den ehemaligen Staatsopernchef jedoch so anschaulich, daß er nach einer Woche entlassen wurde. Der erste Nachkriegs-Intendant der seit Dezember 1945 neu benannten »Städtischen Oper« Michael Bohnen hielt sich im Strudel der Intrigen und Denunziationen bis zum 1. April 1947. Dann wurde er durch ein Direktorium ersetzt, das sich vor allem durch Ineffektivität auszeichnete, weil niemand wirklich verantwortlich sein wollte. Im Januar 1948 meinte man in dem gerade an der Komischen Oper inszenierenden Regisseur Werner Jacob den neuen

Intendanten gefunden zu haben. Innerhalb weniger Tage hatte er jedoch alle Mitarbeiter des Hauses gegen sich aufgebracht. Ohne sich im Haus vorzustellen, entließ er Solisten und Bühnenarbeiter, veränderte Probenpläne und setzte in Vorbereitung befindliche Opern vom Spielplan ab. Seine Anweisungen erteilte er telefonisch von der Komischen Oper aus. Als er sich endlich in der Städtischen Oper einfand, kam es zur Kontroverse mit einem Türschließer, der seinen Chef einfach deshalb nicht einlassen wollte, weil er ihn noch nie gesehen hatte. Daß es unter diesen Umständen 1947 und 1948 Neuinszenierungen, gar Erstaufführungen wie Brittens »Peter Grimes«, Milhauds »Armer Matrose« oder Honeggers »Jeanne d'Arc« gab, kann fast als Wunder gelten.

Im Februar 1948 war der »Fall Jacob« für die Städtische Oper ausgestanden, wenn er vor Gericht auch noch Jahre andauerte und einiges Geld kostete. Die Oper kehrte zur Methode »Direktorium« zurück, bis endlich im Herbst 1948 Heinz Tietjen das Amt antrat, das er schon 1927 innegehabt hatte und das ihm 1945 erneut übertragen worden war.

Seine erste Spielzeit brachte die Erstaufführungen von Blachers »Flut«, Egks »Circe«, Honeggers »Totentanz« und Hindemiths »Cardillac«. Dann begann er durch Neuengagements und Verpflichtung einiger seiner bewährten Staatsoper-Stars systematisch mit dem Neuaufbau eines ausgeglichenen Ensembles. Unter seiner Leitung gewann die Städtische Oper ihre internationale Reputation zurück, vor allem im Wagner- und Strauss-Repertoire, aber auch, was die Pflege zeitgenössischer Werke betrifft.

Daß seine Komponisten, die er den Berlinern in Erst- und Uraufführungen vorstellte – Britten, Oboussier, Blech, Menotti, Egk, Malipiero, Delannoy, Bartok, Strawinsky, Zillig, Blacher, Liebermann, Hartmann oder von Einem –, den bleibenden Welterfolg nicht lieferten, kann Tietjen nicht angelastet werden. Seine Direktionszeit brachte als letzte Premiere am 24. Juni 1954 Werner Egks »Peer Gynt«.

Der zweite »Heimkehrer« war Carl Ebert. Wie über zwanzig Jahre zuvor auch 1954 wieder Tietjens Nachfolger als Intendant der »Städtischen Oper«, ergänzte er dessen Wirken auf dem Gebiet der Mozart-Pflege und des italienischen Repertoires. Auch ihm blieb die Entdeckung des »Welterfolges der Moderne« versagt, so sehr einige Aufführungen zu »Sensationen« hochgespielt wurden. Daß es gelang, bis zur letzten Spielzeit der Städtischen Oper 1960/61 trotz fast täglich wachsender Schwierigkeiten ein leistungsfähiges, in allen Fächern vollgültig besetztes Ensemble zusammenzuhalten, muß sowohl Tietjen als auch in gesteigertem Maß Ebert als unvergleichliches Verdienst angerechnet werden. Einzelne Namen des Nachkriegs-Ensembles unter der Leitung beider Chefs hier aufzuführen, würde den zahlreichen Künstlern gegenüber ungerecht sein, die unerwähnt bleiben müßten. Die Arbeit Tietjens und Eberts war Grundlage für das, was seit 1961 als »Deutsche Oper Berlin« Weltgeltung erlangte.

Unendliche Geschichte »Deutsche Oper Berlin«

Nicht die Schicksalsoper »Fidelio«, sondern »Don Giovanni« eröffnete am 24. September 1961 das wiedererstandene Opernhaus an der Bismarckstraße. Der letzte Intendant der Städtischen Oper, Ebert, führte Regie, und Heinz Tietjens Parade-Dirigent von 1948 Ferenc Fricsay dirigierte die Eröffnungsvorstellung. Gustav Rudolf Sellner, Egon Seefehlner, Siegfried Palm, schließlich Götz Friedrich führten die »Deutsche Oper« in eine völlig neue Phase der Operngeschichte. Das Ensembletheater alter Prägung verkümmerte und starb oder wurde getötet, je nachdem, welche Gründe und Ursachen man dafür sucht und zu finden meint.
Diese Tendenz war nicht Berlin-typisch, sondern bestimmte das Opernleben in ganz Deutschland. Vielleicht empfand man das Ensemblesterben in Berlin besonders schmerzhaft, weil es sich hier später vollzog als an anderen vergleichbaren Theatern, die enger

mit dem Ausland, besonders mit dem Stagione-Betrieb Italiens und Frankreichs verbunden waren.

Ur- und Erstaufführungen gab es im neuen Haus eher mehr als zuvor. Aber auch den neuen Chefs gelang es nicht, den bleibenden Welterfolg herauszubringen – so wenig wie allen anderen Intendanten des internationalen Opernlebens. Verdi und Wagner, Mozart und Puccini blieben wie eh und je das Rückgrat des Repertoires, so sehr man ihnen durch jede mögliche Inszenierungsart auch zu Leibe rückte und so wenig man in der Lage war, die aussterbenden schweren Fächer, Heldentenor, Hochdramatische oder Heldenbariton, neu zu besetzen: Die immer kleiner werdende Zahl leistungsfähiger Sänger zwang zu neuen Methoden der Theaterleitung.

Die »Deutsche Oper« wurde international; statt der mehr oder weniger gelungenen Übersetzungen fremdsprachiger Werke zog die Originalsprache ein – zumindest was italienische und französische Werke betrifft. Beim slawischen Repertoire nahm man es nicht so genau, solange sich leistungsfähige Künstler fanden, die bereit waren, die deutschen Texte zu lernen. Mussorgskis »Boris Godunow« oder »Lady Macbeth von Mzensk« von Schostakowitsch liefen in deutscher Sprache. Auch eine deutsche »Jenufa« mit einer weltberühmten tschechischen Titelheldin, einem polnischen Laca und einem bulgarischen Stewa mag bemerkenswert sein, zumal alle drei ihre Partien virtuos in der Originalversion beherrschten ... Daran gemessen, scheint die Hinwendung zur Originalsprache mehr praktische als künstlerische Gründe zu haben. Es finden sich halt wenig italienische Sänger, die ihren Verdi oder Puccini in Übersetzungen lernen, wie das in den dreißiger Jahren die große Dusolina Giannini tat. Aber die Zeit der großen Sänger war ohnehin vorbei. Die Bühnendarsteller sind nach und nach zu ausführenden Organen der immer mächtiger werdenden Regisseure geworden. Zwingende Persönlichkeiten, die allein Aufführungen entscheiden können, gibt es nicht mehr. Sie sind nicht mehr erwünscht, seit Schauspiel-Regisseure mit viel Interesse für hohe Opernregie-Gagen, aber ohne Notenkenntnis das Regime übernahmen. Die Geschichte vom Intendanten-Regisseur, der nach der Besetzung des »tranquillo« fragte, war einer der nicht seltenen Opernwitze in Berlin. Leider war das eine wahre Geschichte …

So unterschiedlich das Publikum über dieses Thema denkt: Nicht zuletzt durch die originalsprachigen Aufführungen wurde Berlins Oper weltoffen. Die großen Stars gastierten und gastieren in der Bismarckstraße (soweit sie zu gewinnen sind). Im internationalen Renommee rangiert die »Deutsche Oper Berlin« heute neben den führenden Häusern der Branche, der Mailänder Scala, der Metropolitan Opera New York, der Wiener Staatsoper oder der Covent Garden Opera London – die freilich, gemessen an ihren ruhmreichen Tagen, auch nur noch ein Schatten ihrer selbst sind. Die unterschiedlichen Inszenierungen müssen nun das Profil der Opernhäuser prägen, da es Besetzungsvariationen kaum noch gibt. Die Londoner »Isolde«, der Wiener »Othello«, der New Yorker »Tristan«, die Mailänder »Aida« sind überall zu hören.
Mag die Nostalgie dem alten Ensemble-Theater nachtrauern: Die Geschichte der Oper ist trotz aller Krisen, trotz aller Unkenrufe und Begräbnisreden eine »unendliche Geschichte« …

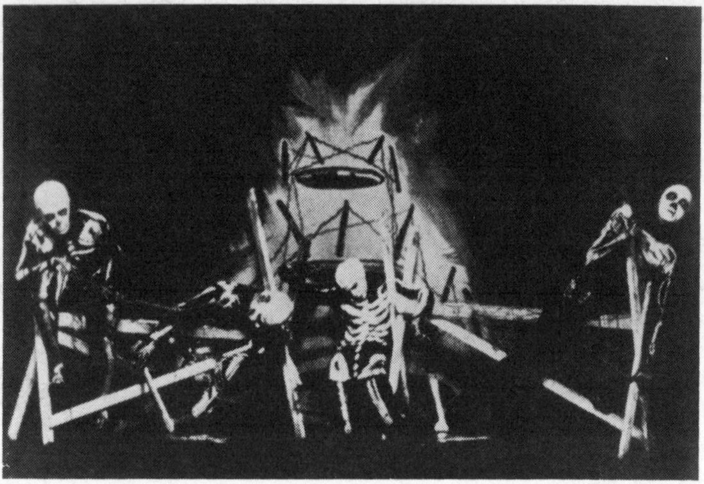

»Die Wandlung« von Ernst Toller. Uraufführung in der Tribüne 1919

Reiner Matzker

Theater – Leben. Zitate der Theatergeschichte des 20. Jahrhunderts am Beispiel Berlin-Charlottenburg. 33 Sequenzen

1

Wer über das Theater in diesem Jahrhundert spricht, kann das Kino nicht außer acht lassen. Charlotte Salomon zitiert im Nachwort zu ihrem autobiographischen Zyklus »Leben oder Theater?« ihren Lehrer Alfred Wolfsohn, der das Kino als eine »Maschine des modernen Menschen« betrachtet, die ihm erlaube, außer sich zu gehen[1].

Im Exil, in Villefranche, erfährt Charlotte Salomon unter Depressionen die dramatische Zuspitzung ihres Lebens, das in Auschwitz enden wird. In Villefranche entsteht der Bild-Zyklus »Leben oder Theater?«, dessen Momentaufnahmen eines gequälten Lebens mit der kinematographischen Inszenierung einer Flucht in die Illusion zu vergleichen sind. Das zum Theater gewordene Leben sucht in der filmischen Realität Zuflucht?

2

Das erste Kino in Berlin Charlottenburg wird 1905 eröffnet, das Kino des Westens, die späteren Residenz-Lichtspiele, in der Kantstraße 130b, Ecke Leibnizstraße 36, 1920 von Hans Sbrzesny expressionistisch umgebaut (200 Sitzplätze, hellgrüne Wände, eine gelbe Decke, roter Sockel, vergoldete Säulen). Ein zweites Kino findet sich wenige Jahre später in der Wilmersdorfer Straße 75, die Minerva-Lichtspiele, und nur kurze Zeit später gibt es in Charlottenburg mehr Kinos als Theater.

3

Die kulturelle Bedeutung der ersten Lichtspieltheater wächst mit der Bedeutung von Schauspielerinnen wie Asta Nielsen, Henny

Porten oder Adele Sandrock. Sie sind Idole und Anziehungskräfte des frühen Kinos in Deutschland. Der Filmtheoretiker Béla Balász notiert zu den Unterschieden von Kino- und Theaterschauspielern:

»Ein Filmstar hat schön zu sein. [...] Beim Film wirkt die Schönheit der Gesichtszüge als physiognomischer Ausdruck. Anatomische Form wirkt als Miene. [...] Und es ist auch wahr, daß die allergrößten Filmschauspielerinnen, wie Asta Nielsen und Pola Negri, nichts weniger als schön sind.«[2]

4

Die als Tochter einer Arbeiterfamilie geborene Schauspielerin Asta Nielsen beginnt ihre Filmkarriere 1910. 1911 zieht sie nach Berlin. Ihr erster in Deutschland produzierter Film hat den Titel »Nachtfalter« (1911). Ihr erster Film der Saison 1911/1912, »Heisses Blut«, wird wegen seiner Ehebruch-Szenen verboten. Asta Nielsen lebt in Charlottenburg. Dort, in den Richard Oswald-Lichtspielen in der Kantstraße 163, findet am 30. Juli 1920 die Sondervorführung des Filmspektakels »Kurfürstendamm. Ein Höllenspuk in 6 Akten von Richard Oswald« statt. Darsteller dieses Stückes, in dem der Teufel mit dem exzessiven Großstadtleben der beginnenden zwanziger Jahre nicht mehr zurechtkommt, ist neben ihr auch Conrad Veidt. Mitte der zwanziger Jahre wendet sich die Filmschauspielerin der Bühne zu. Im August 1926 tritt sie in »Rita Cavallini« von Edward Sheldon auf. Ihren letzten Bühnenauftritt in Berlin hat sie in der Komödie, bevor sie 1933 Deutschland für immer verläßt: Sie spielt in »Gentlemen« von Hans J. Rehfisch neben Paul Wegener die Hauptrolle.

In ihrer Autobiographie schreibt sie: »Es hinderte mich niemand daran, mit Paul Wegener als Partner die Hauptrolle in dem amerikanischen Stück *Gentlemen* zu spielen. Seine Einstellung zum neuen Regime war ebenso bekannt wie die meine. Der nicht minder verdächtige Ernst Legal vom Staatstheater führte Regie. Es wurde eine interessante Zusammenarbeit, interessant wie unsere privaten Unterhaltungen, bei denen wir uns all das vom Herzen redeten, was nur im *innersten Kreis* zum Ausdruck kam. Eines Abends während der Aufführung traten wir in der Pause vors Theater, um in der zur Probe verdunkelten Stadt die Luftwaffenmanöver am mondhellen Himmel zu betrachten. Plötzlich beschlich mich das gleiche Angstgefühl wie in jener mondklaren Nacht 1914, als ich vor der Kaserne in Wittenberg die Soldaten nach Belgien ziehen sah, und ich wußte mit einemmal, daß die bangsten Ahnungen bald zur Wirklichkeit werden müßten und daß ich zum letzten Mal in einem Lande tätig war, dessen neues Regime es verstanden hatte, im Laufe kurzer Zeit ein ganz neues Gefühl in mir zu erzeugen: den Haß.«[3]

5

Ein Gegenstück zur Filmkarriere Asta Nielens ist die Theaterkarriere von Tilla Durieux, die sich anders als Asta Nielsen zunächst rein dem Theater verpflichtet fühlt. Sie startet ihre Schauspielerkarriere in Stuttgart und Breslau und beginnt im September 1903 für Max Reinhardt zu arbeiten, unter dessen Regie sie schnell zu Ruhm gelangt[4].

Tilla Durieux wird nicht nur zum Theater-Star, sie wird das begehrteste Modell der damaligen Künstlerszene. Renoir, Liebermann, Kokoschka, Corinth, Slevogt, Purrmann, von Kardoff, Gulbransson, Max Oppenheimer u.a., die Bildhauer Barlach, Lederer und Haller malen, zeichnen und modellieren sie. Doch trotz ihrem Erfolge setzt sie sich kritisch mit den politischen Verhältnissen auseinander. So zählen Ernst Toller und Erich Mühsam, die Aktivisten der Münchner Räterepublik, zu ihren Bekannten.

6

Als Tilla Durieux Mühsam in München begegnet, ist er gerade dabei, mit einer Leiter zum Fenster in die Wohnung Kurt Eisners

einzudringen, da Eisner ihm als Störenfried die Wohnung verweigert hat. Durieux schreibt über ihn:
»Erich Mühsam war Literat und Antiliterat, er gründete allerlei Vereinigungen – nicht Vereine – für die Ärmsten der Armen, für die, die noch unterhalb der Arbeiterklasse standen. Er gab eine Zeitschrift heraus, die den Namen *Kain* führte, denn er liebte Kain mehr als Abel, den er einen glatten Burschen nannte. Seine zahlreichen Gedichte sind sehr schwer verständlich, aber von glühender Menschenliebe erfüllt. Seine politischen Zukunftspläne aber hätten nur mit engelhaften Idealisten zur Durchführung kommen können. In der Republik wurde er seines aufrührerischen Wesens wegen zu fünfzehn Jahren Gefängnis verurteilt, ein viel zu hartes Urteil für diesen Idealisten. Paul Cassirer schlug damals als Strafe *Anpflöcken auf einer blumigen Wiese* vor.«[5]

7
Mühsams Kampfgefährten Ernst Toller lernt Durieux durch den Verlag ihres Mannes Paul Cassirer kennen. Wie sie schreibt, ist Toller, als sie ihm 1919 in München begegnet, eine »schmächtige, recht hübsche Erscheinung«[6].
Toller hält sich nach Niederschlagung der Räterepublik einige Tage in ihrer Wohnung versteckt, bevor er gefaßt und wegen Hochverrats zu fünf Jahren Festungshaft in Niederschönenfeld verurteilt wird. Sein Drama »Die Wandlung. Das Ringen eines Menschen« wird noch im Jahr seiner Inhaftierung in der am Charlottenburger Knie gelegenen Tribüne uraufgeführt. Das Theater ist am 20. September 1919 mit den Uraufführungen der Dramen »Der Retter« und »Die Entscheidung« von Walter Hasenclever eröffnet worden: »Zur Vergeistigung gesitteter Hörer, zu unmittelbarer und tiefstgreifender Übermittelung des Dichtwerks, zur Erschaffung der Kultusstätte einer geistigen Gemeinschaft«, wie es im Eröffnungsheft der Tribüne 1919 heißt. Die Inszenierungen bleiben jedoch ohne Erfolg. Erst eine Woche später gelingt es Karl Heinz Martin, dem Regisseur dieser Stücke, mit der Uraufführung von Ernst

Tollers Stationendrama »Die Wandlung« Aufsehen zu erregen. Das expressionistische Stück spiegelt die gesellschaftliche Utopie der »Menschheitsreife« am Beispiel der inneren Wandlung des leidgeprüften einzelnen. Fritz Kortner, »ein für seine Jugend bemerkenswerter Sprecher von Empfindungen«, so die damalige Presse, spielt einen jungen Mann, dessen pazifistische Wandlung und Läuterung zur revolutionär-visionären Einsicht führt:
»Nun öffnet sich, aus Weltenschoß geboren / Das hochgewölbte Tor der Menschheitskathedrale. / Die Jugend aller Völker schreitet flammend / Zum nachtgeahnten Schrein aus leuchtendem Kristall. / Gewaltig schau ich strahlende Visionen. / Kein Elend mehr, nicht Krieg, nicht Haß, / Die Mütter kränzen ihre lichten Knaben / Zum frohen Spiel und fruchtgeweihtem Tanz. / Du Jugend schreite, ewig dich gebärend, / Erstarrtes ewig du zerstörend, / So schaffe Leben gluterfüllt vom Geist.«

8

Im November 1919 übernimmt Eugen Robert, der zuvor am Hebbel- und Residenztheater gearbeitet hat, die Direktion der Tribüne, »ein«, wie er selbst feststellt, »gut gelegenes und durchaus billiges Theater«. Robert inszeniert Wedekinds »Franziska« mit Sita Straub, Albert Steinrück, Gertrude Wollan und Horst Behrend, dem späteren Leiter der Vaganten-Bühne. Das Stück sorgt für einen Skandal, der zur vorübergehenden Schließung des Theaters und zum Prozeß vor dem Landgericht führt; die Schauspielerin Olga Wojan tritt lediglich mit einem Schleier bedeckt auf. Der Inszenierung folgen unter Roberts Regie: »Bunbury« von Oscar Wilde, mit Curt Goetz und Adele Sandrock; »Die Tournee« von H.R. Lenormand, mit Tilla Durieux; »Totentanz« von August Strindberg, mit Tilla Durieux und Albert Steinrück.
Zur Theaterarbeit Roberts bemerkt der Kritiker Herbert Ihering scharfzüngig:
»Nachdem Herr Robert es mit dem realistischen Drama und dem theatralischen Reißer, mit dem nordischen Konversationsstück

und dem östlichen Schmarren versucht hat, versucht er es jetzt mit dem Expressionismus. Aber versucht er es wirklich?«

9

Wie die Gebrüder Rotter, für die Tilla Durieux bis zu diesem Zeitpunkt gearbeitet hat, so versucht auch Robert den damals in Deutschland noch wenig bekannten Strindberg aufzuführen. Der in Mode gekommene Expressionismus und die sichere Auswahl guter Schauspieler verhelfen diesen Inszenierungen zu ihrem Erfolg.

Für die Expressionisten spielen Theater und Kino als ideale Medien der Verbindung von Text und Bild eine außergewöhnliche Rolle. Der von 1928 bis 1938 in Charlottenburg (Luisenplatz 3, Pension Haßfort) lebende Dramatiker Georg Kaiser gibt Aufschluß über die expressionistische Intention: Nicht zum bloßen Schau-Spiel, sondern zum Denk-Spiel ist das expressionistische Drama zu entwickeln, die Lust am Gedankenabenteuer, die gedankliche Verbindung von Realem, Surrealem oder Irrealem ist zu fördern. In diesem Spiel habe der einzelne seine Wandlungsmöglichkeiten zu überprüfen.

10

Verherrlichtes wie gefürchtetes Mittel zur Erneuerung der Menschheit, vollzogen durch die Wandlung des einzelnen, ist im Expressionismus die Technik. Im Theater ist sie für die Totalkonzepte Max Reinhardts, aber auch Piscators, unersetzliche Voraussetzung. Eine verbesserte Technik auf der Bühne soll helfen, mit der Popularität des Kinos zu konkurrieren, abgesehen davon, daß Reinhardt 1913 selbst als Filmregisseur Furore macht. Das von ihm inszenierte »Flimmerspiel« in vier Akten, »Die Insel der Seligen« von Artur Kahane, wird zur Eröffnung des Union-Theaters am Kurfürstendamm erfolgreich vorgeführt. In der damaligen Presse heißt es: »Die heitere Geschichte, die Liebeswirrwarr, Spießbürgerlichkeit, griechische Göttinnenschönheit zu närrischen Situationen und

Arnold-Böcklin-Phantasien zusammenschließt, erregte oft lauten Beifall und wurde so, trotz ihrer Länge, bestens aufgenommen. Man verließ das Haus mit dem Bewußtsein, einen wichtigen Abend in der Kinoentwicklung miterlebt zu haben, da dieses heitere Flimmerspiel wirklich ein Kunstwerk genannt zu werden verdient.«[7]

11

Das »technische Theater« bringt sich in die Filmgeschichte ein, wie es gleichermaßen von den Erfahrungen der Auseinandersetzung mit Filmkunst profitiert. Paul Scheerbart äußert sich in einer Randglosse:

»Vor zwanzig Jahren sagten alle Techniker sehr stolz, daß ihnen auf der Bühne kein Ding unmöglich sei. Heute sagen das die Techniker nicht mehr. Man hat allmählich immer deutlicher eingesehen, daß auf der Bühne herzlich wenig mit allen Mitteln der modernsten Technik auszurichten ist. Allerdings – den einfachen Landmann wird man immer noch leicht in Erstaunen versetzen, aber der Anspruchsvollere dankt bestens für die sogenannten Natürlichkeiten auf der Bühne. Das Realistische ist eben auf der Bühne nicht zu Haus und wird dort niemals Bürgerrecht erwerben. Natürlich – daß man eine einfache Küche oder eine einfache Schlafstube im allernatürlichsten Zustande vorführen kann, das ist ja nicht zu bestreiten. Jedoch die Technik versagt schon bei einem einfachen Wolkenbruch, nicht einmal ein Schneegestöber ist so vorzuführen, daß man die *Imitation* vergißt. Diese Unfähigkeit der Technik ist auch ein Hauptgrund für das allmähliche Abtun aller realistischen Dinge auf der Bühne. Auf der Leinwand des Malers und allenfalls noch in den umfangreicheren Büchern kann sich ja der Realismus immer noch in freier Ruhe entfalten. Aber von der Bühne sollte er endgiltig ferngehalten werden. Aber – soll damit gesagt werden, daß auch der Techniker von der Bühne fernzuhalten wäre? Oh – keineswegs! Sobald es sich darum handelt, ganz freie, sehr kühne Phantasiewelten auf der Bühne vorzuführen, ist der Techniker sehr wohl im Theater gelitten; dann kann er das Unglaublichste schaffen. Wie leicht sind mit spiegelnden Glaswänden unerhört reizvolle neue Palastwelten vorzuzaubern! Wie leicht kann man schwebende Wesen vorführen, wenn diese nicht Kopien irdischer Atmosphärelebewesen sein sollen! Die keckste Phantastik bietet dem modernen Techniker die kecksten Perspektiven; sie muß sich allerdings von diesem ganz energisch beeinflussen lassen. Hier ist ein gelegentliches Zusammenarbeiten unbedingt notwendig. Sehr komisch ist es nur, daß wir noch gar nicht so weit sind, um an ein derartiges Zusammenarbeiten denken zu können – die Autoren sind ja noch gar nicht so weit ...«[8]

12

Jedoch auch in vielen Stücken selbst wird die Technik thematisiert. Gegen die Eskalation des technischen Fortschritts, den Versuch, »wissenschaftlich Gott abzusetzen« durch die Herstellung mechanischer »Übermenschen«, wendet sich Karel Čapeks Drama »RUR« [Rossum's Universal Robots]. Čapek paraphrasiert das expressionistische Bild vom erneuerten Menschen: »Roboter sind keine Menschen. Sie sind mechanisch vollkommener als wir, haben eine verblüffende Intelligenz, aber sie haben keine Seele.«[9] Doch Rossum's Universal Robots, hergestellt zur Verrichtung aller alltäglich anfallenden Arbeiten, erheben sich. Mit einem Appell an die »Roboter der Welt« übernehmen sie die Weltherrschaft und befehlen die Ausrottung der Menschheit. Der von Menschen für das menschliche Wohlbefinden eingesetzte Apparat verselbständigt sich und wendet sich gegen alles Menschliche.

Čapeks Stück wird am 29. März 1923 unter dem Titel »WUR« [Werstand's Universal Robots] im Theater am Kurfürstendamm uraufgeführt. Regie führt John Gottowt [eigentl. Isidor Gesang]; Dekoration: Friedrich Kiesler. Darsteller u.a.: Conrad Veidt. Mit traumatischen Bildern und Szenen zeigt sich das Stück zu diesem Zeitpunkt bereits sensibel für das mechanische Chaos des Dritten Reiches, die Automatisierung und Vernichtung menschlichen

Lebens durch den Staatsapparat. Der Theaterkritiker Herbert Ihering bemerkt zu »WUR«:
»Bei Čapek gibt es Lichtsignale und Retorten, Fernseher und Fernsprecher, aber er spricht wie auf die Postille gebückt, zur Seite des wärmenden Ofens. Der Apparat ist alles, der Ausdruck nichts.«[10]

13

Max Reinhardt gilt als einer der bedeutenden Förderer des lyrischen Expressionismus in Berlin. 1917 gründet er Verein und Zeitschrift »Junges Deutschland« und eröffnet das Kleine Schauspielhaus in der Fasanenstraße, die sogenannte Charlottenburger Reinhardt-Bühne, auf der u.a. Georg Kaiser 1918 »Der Brand im Opernhaus« inszeniert, sein eigenes Nachtstück in drei Aufzügen, das selbst den Kritiker Wilh. Handl zu expressiven Formulierungen bewegt[11]:
»Das schwirrt und schwindelt vom Andrang spitzfindiger Sinnbilder, die in gespenstischer Tobsucht aufeinanderschlagen, übereinander hinschlagen, einander erschlagen. Tapeten schwitzen Erinnerungen, ein verkohlter Leichnam entzündet lüsterne Glut, tollster Lebensdrang entläuft geradewegs in den Tod, Stoff und Stein werden Schicksal, die Raserei vernünftelt. Das ganze Leben ist eine Oper, und die ganze Oper ist ein Brand. Mächtiges Blendwerk steigt auf, glitzert von Geist und Gedanken und läßt doch, wenn es erloschen ist, kein rechtes Gefühl und keinen klaren Sinn zurück. Der Aufwand eines glänzend begabten Zauberkünstlers: Varieté.«
Kaisers »Brand im Opernhaus« wird am 30. Januar 1924 in dem am 27. August 1921 eröffneten Neuen Theater am Zoo unter der Spielleitung des Amerikaners C. Hooper Trask in einer Nachmittagsvorstellung ein weiteres Mal erfolgreich aufgeführt.

14

1921 löst eine Inszenierung von A. Schnitzlers »Reigen« im Kleinen Schauspielhaus den wohl größten Skandal der Berliner Theater-

geschichte in der Weimarer Zeit aus. Ein hinter einem Vorhang inszenierter Geschlechtsakt auf der Bühne führt gegen die Direktoren Gertrud Eysoldt und Maximilian Sladek zur Klage wegen öffentlichen Ärgernisses. Der Prozeß vor dem Berliner Landgericht endet allerdings mit Freispruch.
Kaum weniger provokant war bereits am 13. August 1919 im Phantastischen Theater (Lietzensee, Neue Kantstraße 21) eine Aufführung von Schnitzlers »Am Hochzeitsmorgen«, unter der Regie von Wilhelm Borchard. Borchard war ehemals Leiter der »Werkstatt der Werdenden«, die bereits vor dem ersten Weltkrieg mit der Idee des »Heimlichen Theaters« gegen die Zensur arbeitete und verbotene Stücke wie Wedekinds »Tod und Teufel« oder seinen »Totentanz« aufführte. Das »Heimliche Theater« inserierte in der von Franz Pfemfert herausgegebenen expressionistischen Zeitschrift »Die Aktion«: die »Werdenden« versuchten, »unter Hintansetzung aller materiellen Interessen aus besten Kräften für fremde und eigene Ideale einzutreten«.

15

Was Reinhardt dem Theater, bedeutet Oskar Kaufmann der Theaterarchitektur. Der Architekturtheoretiker Julius Posener betrachtet beide als Protagonisten der »Auffassung vom Theater als einer zweiten Gegenwart«, die – wie in der expressionistischen Kunst und Literatur – durch Entwirklichung gewonnen wird. So wendet sich denn Kaufmann in den zwanziger Jahren dem architektonischen Expressionismus zu, allerdings ohne Preisgabe seiner Bindung an Barock und Rokoko. Er ist einer der bedeutendsten Architekten der Berliner Theaterbaukunst. In Ungarn geboren, wirkte er vor seiner Schaffensphase in Berlin als Mitarbeiter Bernhard Sehrings in Bielefeld. Sehring erbaute 1895/96 das Theater des Westens. Kaufmann wurde bekannt durch das von ihm errichtete Hebbel-Theater.
Aber auch die 1923/24 von ihm gestaltete Komödie und das 1926/27 von ihm umgebaute Renaissance-Theater sind – besonders

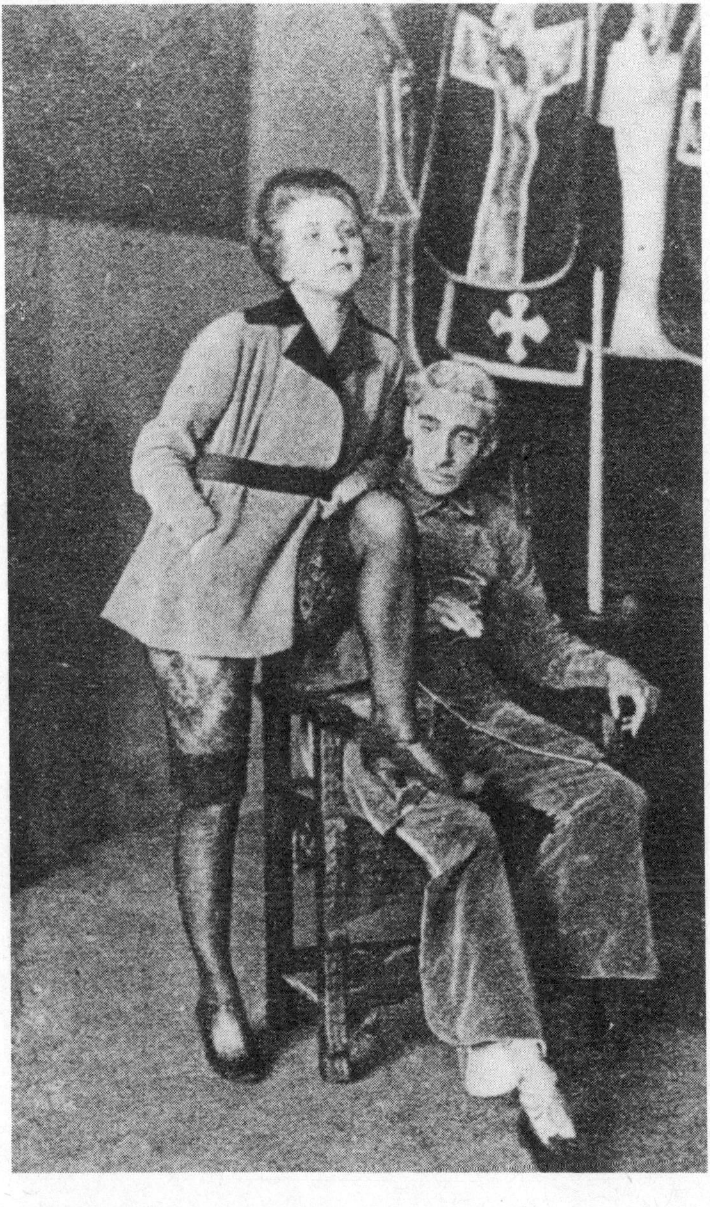

Phantastisches Theater. Rosi Langer und Heinz Goldberg
in Wedekinds »Überfürchtenichts«

Albert Steinrück und Tilla Durieux in »Totentanz«
von August Strindberg

wegen der intimen Innenausstattungen – nicht aus der Geschichte der Berliner Theaterarchitektur wegzudenken:
»Die Liebe zum anmutigen Detail, die hier schon in mancher Logenplastik oder Kerzenkrone uns entgegenlächelt, bestimmt ganz den Charakter des Theaters am Kurfürstendamm, das Kaufmann aus den Räumen der alten Sezession mit einem ungemeinen Geschick umbaute. Geschwungene Metallbänder, tütenförmige Pfeiler, Geriesel von Ornament an den Wänden, Durchbrechungen und Wölbungen, launische Plastik und barocker Übermut, Lüsterglanz – es ist eine Belebung des Raumes mit kleinen, feinen und dabei billigen Ideen, die man am besten in der Perspektive quer durch das Theater genießt. [...] In Rosenholz ist das Renaissancetheater umgebaut. Blaue, hohe Lichtfenster vor dem Gaulschen Brunnen kündigen uns diesen Baumeister Kaufmann an. In Intarsien aus exotischen Hölzern mit Zinneinlage ist die Wand des oberen Ranges ausgelegt. In der Proszeniumbildung, im Bühnenrahmen, in der Fältelung des Vorhangs, in der Zeichnung der Gitter, Lampen, Foyerwände, Spiegelrahmen, im schönen Schwung der Brüstung spricht sein Stil wieder in einer neuen Form, wieder in einer neuen Variation des Luxus.«[12]

16
Max Reinhardt eröffnet die in seinem Auftrag erbaute Komödie am 1. November 1924 mit Carlo Goldonis »Diener zweier Herren«. Darsteller sind Hermann, Helene und Hugo Thimig, Dagny Servaes, Sybille Binder, Paul Hartmann, Gustav Waldau und Walter Janssen. Im Publikum sitzen der Reichskanzler Wilhelm Marx und der Reichsaußenminister Gustav Stresemann. Max Osborn schreibt in der Berliner Morgenpost mit einem gewissen zeitkritischen Akzent zu dieser Inszenierung: »Es ist eine Wonne, daß man sich noch so arglos und zeitlos freuen kann. Man fühlte das Studium, die künstlerische Brechung jeder Nuance, und doch zog alles vorüber wie eine ausgelassene Improvisation. Schöner und verheißungsvoller konnte Reinhardts Theater nicht beginnen.«[13]

17

Noch – so die Betonung – konnte man sich arglos freuen. Doch es lag bereits etwas in der Luft. Die Revue »Es liegt in der Luft« von Marcellus Fischer und Mischa Spoliansky gibt sich argwöhnischer Heiterkeit hin:

Es liegt in der Luft eine Sachlichkeit,
Es liegt in der Luft eine Stachlichkeit.
Es liegt in der Luft, und es liegt in der Luft,
In der Luft.
Es liegt in der Luft was Idiotisches,
Es liegt in der Luft was Hypnotisches.
Es liegt in der Luft, es liegt in der Luft
Und es geht nicht mehr raus aus der Luft.

18

Marlene Dietrich, die an verschiedenen Berliner Theatern in den zwanziger Jahren relativ unbedeutende Rollen gespielt hat, im Mai 1926 etwa ist sie auf der Bühne der Tribüne in dem Stück »Der Roubicon« von Edouard Bourdet unter der Regie von Ralph Arthur Roberts zu sehen, beginnt ihre eigentliche Karriere mit der Revue »Es liegt in der Luft«. In ihren Memoiren »Ich bin, Gott sei Dank, Berlinerin« erinnert sie sich an das Vorsprechen:

»Es war das erste Mal, daß in der *Komödie* eine solche Revue gegeben werden sollte, und die fünf Musiker sowie ein schlanker junger Mann am Klavier hatten sich in einer kleinen Nische des Zuschauerraums, in Höhe der vorderen Parkettreihen eingerichtet. Der Pianist gab mir den Ton. Ein dünnes Kinderstimmchen kam zwischen meinen Lippen hervor – die Tonlage war viel zu hoch für mich –, eine zitternde Fistelstimme, die nichts mit Gesang zu tun hatte. *Halt! Die nächste!* rief der Regisseur. Da stand Mischa Spoliansky auf und sagte: *Sie soll es noch einmal versuchen, aber diesmal eine Oktave tiefer.* Die nächste zog sich wieder in den Hintergrund zurück, während ich stehen blieb, wie angewurzelt, völlig verschreckt. Und wenn ich nun den Komponisten enttäuschen würde? Wir fingen eine Tonlage tiefer wieder an. Vergebens. Mischa Spoliansky wechselte mehrere Male die Tonart, bis plötzlich und zu meiner großen Überraschung harmonische Klänge das Theater erfüllten. Spoliansky schrieb sich die Tonart auf, die Musiker begannen miteinander zu flüstern, die anderen Bewerberinnen gingen zum Ausgang. Ich hatte die Rolle.«[14]

19
In dem Stück »Zwei Krawatten« von Georg Kaiser, Hauptrolle: Hans Albers, Musik: Mischa Spoliansky, wird Marlene Dietrich von Josef von Sternberg für die weibliche Hauptrolle in »Der blaue Engel« entdeckt. Sie folgt Sternberg in die Vereinigten Staaten und beginnt dort eine rasante Filmkarriere. Doch der Revue und dem Kabarett zeigt sie sich weiterhin verbunden. Am 17. Januar 1931 führt sie ihr erster Besuch aus Amerika noch am gleichen Abend in Friedrich Hollaenders Tingel-Tangel. Das Theater feiert seine Premiere im Keller des Theaters des Westens, an einem Ort, den zuvor die Wilde Bühne Trude Hesterbergs belebt hat. Nach der großen Pause begibt sich Marlene Dietrich auf Drängen des Publikums ans Klavier und singt, begleitet von Friedrich Hollaender, sein weltbekanntes »Ich bin von Kopf bis Fuß ...«. Das Tingel-Tangel wird am 10. Mai 1933 von der Geheimen Staatspolizei geschlossen.

20
Das Kabarett und die verschiedenen Varietés und Kleinkunstgruppen zeigen sich ähnlich wie Čapeks »RUR« äußerst hellsichtig und hellhörig für die politischen Entwicklungen der zwanziger Jahre. Bereits 1928 läßt Friedrich Hollaender im Deutschen Künstlertheater (Nürnberger Straße 70/71) seine Interpretin Blandine Ebinger in der Revue »Es kommt jeder dran« vor einem neuen Weltkrieg warnen[15]. Blandine Ebinger gehört neben Kate Kühl zu den Protagonistinnen des am 23. Dezember 1920 im 1. Stock des Cafés des Westens eröffneten Cabarets Größenwahn. Das Größenwahn wird geleitet von Rosa Valetti.

Seine Komponisten sind Hollaender, Heymann, Clauberg, Wachsmann und Spoliansky. Gut ein Jahr später eröffnet Trude Hesterberg im Theater des Westens ebenfalls zu Kompositionen von Heymann, Hollaender und Spoliansky die Wilde Bühne. Frech, frei und engagiert äußern sich dort: Wilhelm Bendow, Margo Lion, Kurt Jarson, Annemarie Hase, Bertolt Brecht, Ringelnatz, Kate Kühl, Walter Mehring und Max Hermann-Neiße. Wilhelm Bendow tritt neben Karl Valentin, Lisl Karlstadt, Hans Moser, Curt Bois u.a. auch im 1924 von Kurt Robitscheck gegründeten Kabarett der Komiker auf. Das KadeKo spielt von 1926 an im ehemaligen Café des Boarding-Palastes, wo das Theater im Palmenhaus und 1924 das Palmenhaus-Kino untergebracht waren. 1928 zieht das KadeKo in den von Erich Mendelsohn entworfenen expressionistischen Klinkerbau am Lehniner Platz um. Das Kabarett-Theater »Der blaue Vogel« eröffnet mit einer Sondervorstellung am 2. April 1929 im umgebauten Palmenhaus am Kurfürstendamm. 1930 richtet sich das Nelson-Theater in diesen Räumlichkeiten ein. Rudolph Nelson gründete das Theater 1920 im Weinrestaurant »Sanssouci« am Kurfürstendamm, Ecke Fasanenstraße. Das Nelson-Kabarett im Palmenhaus besteht nur ein Jahr. So wie die 1929 von Werner Finck, Hans Deppe, Adolf Stemmle und Ruth Pölzig (der Tochter des Architekten) im Keller des Berliner Künstlerhauses gegründete Katakombe und auch das 1931 von Friedrich Hollaender gegründete Tingel-Tangel-Theater steht das KadeKo quer zu den Kulturvorstellungen der dreißiger Jahre.

21

Unter der Herrschaft der Nationalsozialisten wird die Idee des Massen- und Totaltheaters für propagandistische Zwecke umgesetzt. In neugeschaffenen Thingstätten, in speziell für Monumental-Aufführungen umgebauten Opern- und Theaterhäusern erfüllt ein wiederbelebtes Kulttheater seinen politischen Auftrag. So heißt es in einem Aufsatz über Theaterpolitik und Theaterarbeit Mitte der dreißiger Jahre:

»Nun wird es wichtig sein, welche künstlerischen Erfahrungen der Sommer bringt. In den neugeschaffenen Thingstätten warten neue Bühnen der Darstellung dramatisch-chorischer Schöpfungen, in denen die Idee einer neuen Volksgemeinschaft ihren Ausdruck finden soll. Das Streben nach einem solchen Massenspiel unter freiem Himmel, in dem sich neuerwachtes Gemeinschaftsgefühl seinen eigenen Stil suchen soll, hat in den früheren Versuchen von Künstlern und Laienspielverbänden manchen Vorgang. Aber die Aufführungen in den Thingstätten wollen von einer neuen weltanschaulichen Grundlage aus vorstoßen, und sie können mit ganz anderen Massen und Möglichkeiten rechnen.«[16]

Die Thingspiel-Idee verbindet sich mit Erwartungen, die an das auf »Wandervogel« und Freikörperkultur zurückgehende Kulturerleben im Freien anknüpfen. Für die Nationalsozialisten ist das Freilichtspiel eine in Hinsicht auf das »Chorisch-Völkische« und das Massentheater zu erweiternde Variante. So soll 1933 die von Erwin Barth 1920-1924 erbaute Freilichtbühne Jungfernheide für »Muster-Freilichtspiele« eingesetzt werden[17]. Realisiert wird allerdings zunächst nur eine wenig erfolgreiche Inszenierung der Verstragödie »Kaiser Friedrich Barbarossa« von Grabbe. Das Stück wird von Mitgliedern des Kampfbundes für deutsche Kultur und des Referats Kultur der SS-Gruppe Ost aufgeführt. Die Gruppe unter Anthes Kiendl nennt sich »Junge Kampfbühne«.

22

Als ebenso monumentale wie architektonisch untypische Umsetzung der Thingstätten-Idee gilt die von Werner March errichtete Dietrich-Eckart-Freilichtbühne. Die heutige Waldbühne wurde damals nach dem Schriftsteller, Morphinisten und Redakteur des »Völkischen Beobachters« benannt. Dietrich Eckart (1868-1923) gehört als ehemaliger Kampfgefährte Adolf Hitlers zu den »Märtyrern« der NS-Bewegung. Sein Ruf »Deutschland erwache!« – Karl Kraus mokierte sich über das fehlende Komma – findet sich auf den Standarten der NSDAP wieder.

Eckart formuliert in seinen Texten die mystisch-spiritualistische Seite der NS-»Weltanschauung«. Seine Interpretation und Dramatisierung des Peer-Gynt-Stoffes kennzeichnet den »erwachenden« Charakter als Persönlichkeit mit »göttlichem Licht im Gehirn«, die im Kampf gegen den »Großen Krummen« Erlösung findet.

Am 2. August 1936 wird die Dietrich-Eckart Bühne mit dem eigens für Berlin geschriebenen »Frankenburger Würfelspiel« eröffnet. Zwei Tage später folgt in dem ursprünglich als Opern-Theater geplanten Stadion die Aufführung des »Herakles« von Georg Friedrich Händel. Einstimmend auf die Olympiade und die 700-Jahr-Feier Berlins findet 1936 ein olympisches Massenkonzert statt. Die »Berliner Sommerfestspiele« 1939 bilden den Abschluß der Opernaufführungen in der Dietrich-Eckart-Bühne, die als Waldbühne erst wieder in der Nachkriegszeit nach verschiedenen Boxveranstaltungen gelegentlich für Filmvorführungen und Konzerte genutzt wird.

23
Die Verabschiedung des Reichskulturkammergesetzes erlaubt es Joseph Goebbels, dem Minister für Propaganda und Volksaufklärung, die Führung und Verwaltung der Städtischen Oper unter dem ursprünglichen Namen »Deutsches Opernhaus« zu übernehmen. Am 28. März 1934 beruft Adolf Hitler den Bariton Wilhelm Rode zum Intendanten.
Das Deutsche Opernhaus wird am 14. September 1934 mit Richard Wagners »Tannhäuser« in Anwesenheit Hitlers und Goebbels' eröffnet. Rechtzeitig zu den 1936 in Berlin stattfindenden Olympischen Spielen wird Wagners »Der Ring des Nibelungen« in den Spielplan aufgenommen. Unter der Regie von Wilhelm Rode tritt Gotthelf Pistor als Siegfried auf. Der Aufführung folgen weitere aufwendige und kostspielige Repräsentationsinszenierungen, die die propagandistische Funktion der Deutschen Oper während der NS-Zeit verdeutlichen.

Gotthelf Pistor als Siegfried in »Götterdämmerung«
von Richard Wagner

Inge Konradi und Harald Juhnke in »Mamselle Nitouche«
von Florimond Hervé

24
Während Asta Nielsen mit größter Distanz und Abneigung die Vorgänge in Deutschland verfolgt – sie lebt in ihrem Landhaus auf Hiddensee, einer kleinen Insel westlich von Rügen – gewinnt einer ihrer Gäste auf Hiddensee unter Goebbels zunehmend Einfluß und Bedeutung in der Berliner Theaterszene: Heinrich George. George ist Ehemann der Schauspielerin Berta Drews. (Sie lernten einander 1930 kennen, ein Jahr nach dem Tode Albert Steinrücks, mit dem George eng befreundet war.) 1938 wird George Intendant des für Repräsentationszwecke umgebauten Schiller-Theaters. Sein engster Mitarbeiter ist Kurt Raeck, der spätere Leiter des Renaissance-Theaters. Künstlerischer Beirat wird Wilhelm Fraenger. Die Festschrift zur Wiedereröffnung des Schiller-Theaters am 15. November 1938 zitiert unmittelbar neben Friedrich Schillers »Deutsche Größe« (1797) Adolf Hitler aus seiner Rede auf dem Reichsparteitag Großdeutschland. Dem Zitat folgen Wiedereröffnungsbekundungen von Goebbels und Lippert, dem Staatskommissar für Berlin, sowie eine Begrüßung Heinrich Georges:
»... Also ziehet ein Schauspieler und Zuschauer in das wieder erstandene Schiller-Theater! Haltet euer Haus in Ordnung, hoch und heilig, und gedenket seines erhabenen Baumeisters Adolf Hitler. Vorhang auf!«

25
»Er hätte mit E.Th.A. Hoffmann bei Lutter und Wegner sitzen und doch vom Intendantensessel aus donnernde Disziplin vorlegen können«, notiert der Kritiker Herbert Ihering zur Theaterarbeit Georges in jener Zeit. Und Berta Drews stellt fest: Er spielte am Schiller-Theater ein paar seiner schönsten Rollen, Selma Lagerlöfs Kaiser von Portugallien, den Falstaff in »Heinrich IV.« und Franz Moor in »Die Räuber«. Eine geplante Inszenierung des »König Lear« wird durch die Zerstörung des Schiller-Theaters während eines Bombenangriffs im Mai 1943 vereitelt. George erhält noch im selben Jahr von den Nazis das Verdienstkreuz II. Kl., angeblich

für die Löscharbeiten in der Brandnacht. »Er stellte sich zur Verfügung, wenn die Herren diesen oder jenen propagandistischen Dienst von ihm verlangten«, erwähnt Berta Drews in ihrer Biographie. Und beim Betrachten alter Photographien stellt sie fest: »Sein Blick [zeigt] eine forschende tierhafte Melancholie ...«
Nach dem Ende des Dritten Reichs wird George im Lager Oranienburg interniert. Als Gustaf Gründgens durch die Vermittlung des Sängers und Spanienkämpfers Ernst Busch freikommt, verfassen Ernst Schröder und Kurt Raeck ein Memorandum zur Freilassung Georges, das von ehemaligen Mitarbeitern des Schiller-Theaters unterzeichnet wird:
»Die unterzeichneten Berliner Schauspieler legen hiermit vor der sowjetischen Besatzungsbehörde Zeugnis ab für den in Haft befindlichen Schauspieler Heinrich George. [...] Die Aussagenden sind sich bewußt, daß ein Mann wie George bei der niemals berechnenden Art seines Charakters, bei seiner übertriebenen Spielfreudigkeit, bei der Labilität seines Wesens, einer fast krankhaften Unausgeglichenheit seines Temperaments von Haus aus gar nicht dazu angelegt war, politisch aktiv zu sein. Und genau betrachtet hat George auch niemals aktiv nationalsozialistische Politik gemacht. Er hat es nur nicht verstanden zu verhindern, daß seine Popularität propagandistisch ausgenutzt wurde.«[18]
Georges Tod kommt der Antwort zuvor. Er stirbt im September 1946 nach einer Blinddarmoperation. Jürgen Fehling schreibt seinen Nekrolog (»Die wilde Kraft«): »Engel und Teufel katzbalgten in seiner Seele. Er war der wildeste Totentänzer, der geborene Grabbe-Spieler. Reiter auf hohem, oft zu hohem Roß, brutal und zugleich fähig, niederzubrechen vor seiner geliebten Frau.«

26

Dreizehn Jahre nach der Wiedereröffnung des Schiller-Theaters am 15. November 1938 wird ein weiteres Mal über den politischen Menschen Schiller gesprochen. Boleslaw Barlog, dem Ernst Reuter in einem Festakt die Leitung des Schiller-Theaters übergeben hat, eröffnet es am 6. September 1951 mit einer »Wilhelm Tell«-Inszenierung. Das Ereignis wird umrahmt von den Berliner Philharmonikern unter Leitung von Wilhelm Furtwängler mit Glucks Ouvertüre zu »Alceste« und Beethovens IX. Symphonie.

In seiner Festrede bezeichnet Theodor Heuss »Wilhelm Tell« als das »Drama der Widerstandsbewegung«. Schiller sei der »Dichter der Freiheit und Menschenwürde«, der von der ideologischen Vereinnahmung durch die Nazis befreit werden müsse:

»Ein Abend wie dieser ist ja nicht dazu da, *Politik* zu treiben. Aber, das darf ich schon sagen, in der Nazizeit war es manchmal ein verwegener Traum – und wir träumten ja alle als Ersatz verwegene Dinge –, daß einmal ein Theaterarbeiter den Einfall haben würde, an den Geßler-Hut ein Hakenkreuz zu stecken. [...] Im Herbst 1939, da war ich das letzte Mal in Weimar, besuchte wieder einmal [...] das Schillerhaus; als ich in das Sterbezimmer Schillers trat, manche von Ihnen kennen den kärglichen Raum mit dem tannenen Bett, da lag mitten auf der Bettstatt ein verfaulter Kranz, eine Hakenkreuzschleife war daran, und *Adolf Hitler* stand darauf. Und es war wie ein Pestgestank in dem reinlichen Zimmer ...«

27

Doch bereits wesentlich früher, unmittelbar nach Kriegsende, wird in Berlin-Charlottenburg wieder Theater gespielt. Am 18. Mai 1945 findet im Großen Sendesaal des Funkhauses in der Masurenallee ein erstes Opernkonzert der Deutschen Oper statt. Es folgen bis Mitte Juni zweimal wöchentlich Opernkonzerte im Funkhaus. Dann zieht die Oper in das Theater des Westens; die Eröffnungsfeier findet am 15. Juni 1945 mit einem Ballettabend statt, am 1. August 1945 inszeniert Hans Wenzel »Fidelio« von Ludwig van Beethoven. Heinz Tietjen wird für zwei Monate Intendant der Städtischen Oper im Theater des Westens. 1947 übernimmt vorübergehend sein Mitarbeiter Michael Bohnen die Intendanz, um sie dann erneut, bis 1954, an Heinz Tietjen zurückzugeben.

28

Die rege Kulturszene der ersten Nachkriegsmonate richtet sich in improvisierten Aufführungsstätten ein. Im Mai tritt Willi Schäffers im Café Leon am Kurfürstendamm mit einem Kleinkunstprogramm auf. Andere Kleinkunstprogramme werden im Theater am Kurfürstendamm, im Marmorhaus, im Oberon und in der Aula der Witzlebenschule (Witzlebenstraße 35) gegeben; der Philharmonische Chor probt im Westend-Krankenhaus. In der wenig zerstörten Tribüne wird ab dem 1. Juni 1945 das Kleinkunstprogramm »Heute abend um 6« aufgeführt.

Das ebenfalls noch recht gut erhaltene Renaissance-Theater eröffnet am 27. Mai 1945 mit »Der Raub der Sabinerinnen« von Franz und Paul von Schönthan; Franz Erpenbeck berichtet:

»Im entscheidenden Augenblick blieb der Strom fort; die Elektrizitätswerke arbeiteten noch ganz sporadisch, und das Kabelnetz wurde durch gelegentliche Explosionen bald da, bald dort zerrissen und durch Kurzschlüsse infolge fortwährender unterirdischer Wasserrohrbrüche unterbrochen. Endlich, am dritten Abend, nach einem neuerlichen Anmarsch durch Trümmer und Staub, sahen wir den Vorhang mit einiger Verspätung sich heben. [...] In der Pause sah ich bewährte *Leute vom Bau*, die natürlich den Großteil der Zuschauer ausmachten, vor Ergriffenheit weinen«.[19]

In einer Schule in der Sybelstraße richten sich die Kammerspiele Charlottenburg ein. Sie eröffnen am 29. September 1945 mit »Götter auf Urlaub« von Paul Helwig, mit Charlotte Jattke, Günter Bergers und Wolfgang Spier. Zur Weihnachtszeit führt das Theater in der Witzlebenstraße Herta Zernas »Hänsel und Gretel 1945« auf, ein Märchenspiel für Erwachsene. Die Komödie eröffnet im März 1946 unter der Leitung von Achim von Biel mit Schillers »Kabale und Liebe«, Ende 1947 das Theater am Kurfürstendamm, das in den Jahren 1949-1959 feste Spielstätte der Freien Volksbühne wird. Dort ist zunächst Rudolf Hammacher der künstlerische Leiter. Nach ihm übernimmt Ernst Karchow, der als Regisseur und Vertreter Max Reinhardts und zuletzt als Direktor der Bremer

Kammerspiele tätig gewesen ist, die künstlerische Leitung. Karchow holt die Regisseure Oscar Fritz Schuh und Ludwig Berger an das Theater, von denen 1953 Oscar Fritz Schuh sein Nachfolger wird.
Schuh beginnt mit der erfolgreichen Inszenierung von Lessings »Emilia Galotti« (23.10.1953). Es folgen Inszenierungen der Stücke »Woyzeck« von Georg Büchner, »Tartuffe« von Molière und »Der Hauptmann und sein Held« von Claus Hubalek. In »Woyzeck« und »Tartuffe« spielen Tilla Durieux, Ernst Schröder, Wolfgang Neuss, Harald Juhnke. Mit Florimond Hervés »Mamselle Nitouche« kommt der Opernregisseur wieder zum Zuge.

29
Wie sich zeigt, beginnen schon in den »ersten Stunden« Berlins Orchester- und Bühnenkunst zu florieren. Friedrich Luft spricht von einer »Art Ersatzfreiheit und Surrogat für eben den ganzen Wohlstand und die ganze Freiheit«: In einer Zeit, in der die Brotkarte noch gilt, ist »die ehemalige Reichshauptstadt heimlicherweise doch noch so etwas wie die Hauptstadt des deutschsprachigen Theaters überhaupt«[20].
Unter dem Aspekt Vergangenheitsbewältigung sollte die Behauptung zu denken geben.
Die flottierende Aufbruchstimmung der Nachkriegszeit sieht sich konfrontiert mit eben jener Nachdenklichkeit, die die jüngste Geschichte fordert. Besonders die existenzphilosophische und existentialistische Auseinandersetzung mit den Formen der Verzweiflung scheint dieser Forderung angemessen. So ist es kein Zufall, daß Ernst Schröder in dem 1948 erschienenen Tagebuch einer Berliner Theaterschule Sören Kierkegaard zitiert, um herauszustellen, daß »Gewinn der Unendlichkeit« nur »durch Verzweiflung« zu erreichen sei[21]. Ein Zitat, das die Verbindung von Unendlichkeitsgewinn und Verzweiflung herausstellt. So findet vielleicht die Verzweiflung dort ihr Ende, wo das Interesse am Gewinn der Unendlichkeit nachläßt.

30
Im Dezember 1950 findet im Theater am Kurfürstendamm ein Gastspiel aus Wien statt. Unter Walter Felsensteins Regie tritt Werner Krauß auf. Zur gleichen Zeit findet auf dem Kurfürstendamm eine Demonstration gegen Krauß statt. Das Theater wird von den Protestanten blockiert. Friedrich Luft berichtet:
»Krauß hatte in schlimmen Stücken und Filmen des häßlichsten Antisemitismus weidlich mitgewirkt. Man hielt es unter den Protestierenden für unerträglich, daß er so früh und daß er, ohne Gesinnungsveränderung oder Reue verlautbart zu haben, schon wieder vor aller Augen spielen sollte. Die Polizei zog auf, ließ ihre Wasserwerfer spielen und trieb die erregten Tausende auseinander. Nach kurzer Zeit wurde das Gastspiel ausgesetzt. Krauß, dann unbehelligt und hoch bewundert, kam später oft ans Schiller-Theater. Sein erster Auftritt war verfrüht gewesen.«[22]

31
Bereits in den fünfziger Jahren beginnt nach dem Vorbild der existentialistischen Jugend in Frankreich auch in Deutschland eine von Jugendlichen getragene Protestbewegung sich zu formieren. Es ist die Zeit der ersten Sartre-Inszenierungen in Berlin. Ernst Schröder spielt in Sartres »Die schmutzigen Hände«, uraufgeführt am 15. Januar 1949 im Renaissance-Theater, und in »Tote ohne Begräbnis«, uraufgeführt am 8. November 1950 unter eigener Regie und mit einer zeitgemäßen Bühnenbildidee: die Wände werden mit Zeitungen beklebt. Dem Erfolg der Stücke kann sich die konservative Kritik nicht entziehen, gleichwie sie Sartres Prämissen attackiert. Für »Die schmutzigen Hände« konstatiert Friedrich Luft, das Ganze werde durch einen »Denkfehler in der Exposition, der die Ausnahme für die Regel setzen will« schief und »in seinem dramatischen Wahrheitsgehalt anrüchig«[23]. Auch Werner Fiedler wendet sich in einer Auseinandersetzung mit der Aufführung von »Tote ohne Begräbnis« in der Tribüne gegen Sartres Prämissen, seine »existentialistischen Scheuklappen«: Sartre, der mit seinem

Intellekt alles »anknabbere« und dann erstaunt sei, wie es »naturgemäß fragwürdig wird«, verwechsele »nackte Brutalität mit Spannung, rohe Schockwirkung mit heilsamer Erschütterung, die zur Besinnung führen könnte«[24]. Was aber ist unter »heilsamer Erschütterung« gegenüber der existentiellen Provokation zu verstehen? Ist sie nicht, um eine Formulierung Ernst Schröders zu übernehmen, als modisch gewordene Kompensation einer Epoche zu beurteilen, deren beherrschendes Weltgefühl die Angst war?[25]
Ernst Schröder wendet sich mit dieser Formulierung gegen das »Unterspielen« der frühen fünfziger Jahre. Im Hof des Charlottenburger Schlosses hatte Heinrich Koch am 6. September 1952 zu den Berliner Festspielen Hugo von Hofmannsthals »Das große Welttheater« inszeniert. Es regnete, als ein Filmteam ein paar kurze Ausschnitte für die Wochenschau drehte. Ernst Schröder spielte die Szene des Bettlers, »des Anklägers und Richters, wie er berserkerhaft hadernd vor seiner verbrannten Heimatstadt steht«[26]. Die Bilder beeindruckten derart, daß sie noch einmal zur Silvesterjahresschau gezeigt wurden.

32
In den frühen sechziger Jahren setzen künstlerische Avantgarde und sozialkritisches Theater für die Theaterentwicklung in Charlottenburg provozierende Akzente. Die mit christlichen Schauspielen in und außerhalb von Berlin auftretenden Vaganten werden seßhaft. Im Keller des Delphi-Hauses am Bahnhof Zoo richten sie ein kleines Theater ein und wenden sich mit einer Absage an »Funk, Film und Fernsehen« jetzt Stücken von Cocteau, Anouilh, Sartre, Williams und Borchert zu: »*Draußen vor der Tür* mit 199 Vorstellungen und die Dramatisierung [von Borcherts] Novellen unter dem Titel: *...und keiner weiß wohin* mit über 60 Vorstellungen, Anton Tschechow, ja, auch Goethes Einakter oder Lessings *Juden* oder *Der junge Gelehrte*, später auch Jean Genets *Unter Aufsicht*, Erwin Sylvanus, Audiberti und Ionesco stehen auf dem Plan«, schreibt der Vagant Behrend 1963[27].

Die Eröffnung der »Werkstatt« des Schiller-Theaters als »Experimentierschuppen mit der Brecht-Gardine«[28] kennzeichnet den Wechsel von den fünfziger Jahren in die Sechziger: Walter Henn inszeniert Samuel Becketts »Das letzte Band«, mit Walter Franck, ein Stück, das Beckett zehn Jahre später selbst mit Martin Held inszenieren wird. ... Nach der Aufführung im Pariser »Théatre de Babylone« inszeniert Karl-Heinz Stroux am 8. September 1953 im Schloßpark-Theater »Warten auf Godot«. Beckett bezeichnet die Inszenierung als »zu bedeutungsvoll«, »zu deutsch«. 1965 wird »Warten auf Godot« im Schiller-Theater von Deryk Mendel inszeniert, mit Horst Bollmann, Stefan Wigger und Bernhard Minetti. Zehn Jahre später, in Becketts Inszenierung, übernimmt Carl Raddatz anstelle von Minetti die Rolle des Pozzo; Horst Bollmann und Stefan Wigger tauschen die Rollen.
Beckett, der für das Schiller-Theater zum »Hausheiligen« (Boleslaw Barlog) wird, ist gewissermaßen der Bahnbrecher der Nachkriegs-Avantgarde, die sich angesichts der jüngsten deutschen Geschichte und der zugespitzten weltwirtschaftlichen und -politischen Lage auf die Formen des Protestes und einer sich neu definierenden Kommunikation stützt.

33
Am Kurfürstendamm/Ecke Knesebeckstraße eröffnet am 23. Oktober 1961 das junge Forum-Theater mit Jean Cocteaus »Der Doppeladler«. »Schaurig, schaurig«, heißt es zu dieser Inszenierung von Harry Raymon in einer Tagesspiegel-Kritik: »Eine Groschenheft-Geschichte, von Cocteau mit allen Ingredienzien *romantischer* Gefühlsschwelgerei effektvoll versetzt ...«
Es folgen zwei Stücke von Klaus Isenhöfer und Georges Feydeau, dann wechselt die Theaterleitung des Forum-Theaters. Im März 1962 geben Frank Burckner, Klaus Hoser und Horst Köppen, die neuen Leiter, ihre Pläne bekannt. Für die Spielzeit 1962/63 setzen sie u.a. Adamovs »Alle gegen alle«, Tollers »Der entfesselte Wotan«, Camus' »Die Gerechten«, Audibertis »Äpfelchen, Äpfelchen« und

Bruckners »Krankheit der Jugend« auf den Spielplan. Sonnabends und sonntags wollen sie französische Boulevard-Komödien spielen, »Stücke jedenfalls, die der Konkurrenz der Raeck und Wölffer für ihre Bühnen zu frech-frivol sind«[29].

Ende der sechziger Jahre lädt das Forum-Theater Avantgarde-Bühnen zu Gastspielen nach Berlin ein. Faßbinders Münchner »antitheater« ist am 19. Dezember 1969 mit »Werwolf-Szenen aus der deutschen Vergangenheit« im Forum-Theater zu sehen. Das von der Theaterleitung nach Berlin geholte Living Theatre New York gastiert am 31. Dezember 1969 mit »Paradise Now« in der Akademie der Künste.

Ein umstrittener Höhepunkt des Theaters der sechziger Jahre in Charlottenburg ist am 29. April 1964 die Uraufführung des Stükkes »Die Verfolgung und Ermordung Jean Paul Marats dargestellt durch die Schauspielgruppe des Hospizes zu Charenton unter Anleitung des Herrn de Sade« von Peter Weiss, Regie Konrad Swinarski.

»Was uns in der Konfrontation von Sade und Marat interessiert, ist der Konflikt zwischen dem bis zum Äußersten geführten Individualismus und dem Gedanken an eine politische und soziale Umwälzung«, schreibt Peter Weiss in einer Anmerkung zum geschichtlichen Hintergrund des Stücks [30] und spricht damit zugleich das Dilemma der Protestbewegung der sechziger Jahre an. Individualistische und sozialistische Intentionen finden ihren ebenso gestalteten wie auch ungezügelten Ausdruck. Als Mitte der sechziger Jahre die Waldbühne nach einem Auftritt der Rolling Stones verwüstet wird, fällt es allenthalben schwer, diese Vorgänge im Zusammenhang mit der Geschichte der Waldbühne zu sehen. Übersehen werden konnte jedoch nicht, daß auf und vor der Bühne vieles in Bewegung geraten war.

[1] Vgl. Christine Fischer-Defoy, Theater? – oder Leben?? In: Charlotte Salomon – Leben oder Theater? Das »Lebensbild« einer jüdischen Malerin aus Berlin 1917-1943. Berlin 1986, S. 20.

[2] Béla Balász: Schriften zum Film. Bd. 1: *Der sichtbare Mensch.* Kritiken und Aufsätze 1922-1926, S. 74.

[3] Asta Nielsen: Die schweigende Muse. München 1979, S. 387f.

[4] Vgl. Tilla Durieux: Meine ersten neunzig Jahre. Erinnerungen. München, Berlin 1971.

[5] Ebd., S. 279.

[6] Ebd., S. 282.

[7] Siehe Sammlung Richter, 1913, Archiv der Akademie der Künste Berlin

[8] Paul Scheerbart: Das technische Theater. In: Das Theater. Illustrierte Halbmonatsschrift für internationale Bühnenkunst, III. Jg. Berlin 1911/1912, S. 114.

[9] Vgl. Karel Čapek: Dramen. Berlin, Weimar 1976.

[10] Sammlung Richter, (30. 3.) 1923, a.a.O.

[11] Sammlung Richter, 1918, a.a.O.

[12] Oscar Bie: Vorwort. In: Der Architekt Oskar Kaufmann. Mit 140 Abbildungen auf 127 Tafeln und 5 Farbentafeln. Berlin-Charlottenburg 4, S. VIIIf.

[13] Max Osborn, zitiert nach Felix Henseleit: Kavalkade des Lächelns – über fünf Jahrzehnte. Ein halbes Jahrhundert »Komödie«. In: Vor der Kurve. Spielzeit 1974/75.

[14] Marlene Dietrich: Ich bin, Gott sei Dank, Berlinerin. Berlin 1987, S. 73f.

[15] Vgl. Reinhard Hippen: Es liegt in der Luft. Kabarett im Dritten Reich. Zürich 1988, S. 10.

[16] Siegfried Nestriepke: Theaterpolitik und Theaterarbeit. In: Die Hilfe. Zeitschrift für Politik, Wirtschaft und geistige Bewegung. Nr. 13. 41. Jahrgang. Berlin, 6. Juli 1935, S. 319f.

[17] Vgl. Frank Dittmer: Freilufttheater. Dramatisches ohne Dach im 20. Jahrhundert. Dargestellt an Berliner Beispielen. Inaugural-Dissertation, Berlin 1991, S. 368.

[18] Ernst Schröder: Das Leben – verspielt. Frankfurt/M. 1978, S. 79.
[19] Aus: Theater in Deutschland 1928-1948. Materialien zur neueren Geschichte des deutschen Theaters. Sept. 1981.
[20] 25 Jahre Theater in Berlin. Theaterpremieren 1945-1970. Mit einem Vorwort von Friedrich Luft. Hrsg. im Autrage des Senats von Berlin. Bearb.: Hans J. Reichardt u.a. Berlin 1972, S. 12.
[21] Ernst Schröder: Die Besessenen. Tagebuch einer Berliner Theaterschule. Berlin 1948, S. 44.
[22] Friedrich Luft: Berliner Theater 1945-1961. Hannover 1961, S. 78.
[23] Ebd., S. 15.
[24] Werner Fiedler: Schock oder Erschütterung? In: 70 Jahre Tribüne 1919-89. Eine Dokumentation von Thomas Trempnau und Rainer Behrend. Berlin 1989, S. 55.
[25] Ernst Schröder: Spielen wieder erlaubt. In: Die Arbeit des Schauspielers. Aufsätze und Notizen. Zürich 1966, S. 95.
[26] Ebd., S. 93.
[27] Horst Behrend: Vagari necesse est! Die Vaganten-Bühne in Berlin. In: Kulturarbeit, 1/1963, S. 6f.
[28] Theater in Berlin. Zehn Jahre Schiller-Theater, Schloßpark-Theater, Schiller-Theater-Werkstatt, mit 252 Abb. Einführung von Heinz Richter. Berlin 1962, S. 19.
[29] Günther Grack: Werktags poetisch, sonntags frivol. In: Tagesspiegel, 11. 3. 1962.
[30] Peter Weiss: Die Verfolgung und Ermordung Jean Paul Marats dargestellt durch die Schauspielgruppe des Hospizes zu Charenton unter Anleitung des Herrn de Sade. Drama in zwei Akten. Frankfurt 1964, S. 140.

Léon Jessel

Elke L. von der Lieth
Léon Jessel – Der Komponist von »Schwarzwaldmädel«

Léon Jessel wurde 1871 als Sohn einer jüdischen Kaufmannsfamilie in Stettin geboren[1]. Er begann die Laufbahn eines Kapellmeisters an verschiedenen kleineren Provinztheatern und mit Kompositionen im Bereich der Salonmusik. Erste Popularität erlangte er besonders durch seine Marschkompositionen und Charakterstücke. »Die Parade der Zinnsoldaten« wurde zu einem Welterfolg. Und Jessels »Schwarzwaldmädel« mit dem Text von August Neidhart, 1917 uraufgeführt in der Komischen Oper an der Weidendammer Brücke, gehört zu den meistgespielten Operetten dieses Jahrhunderts.

Jessel siedelte 1911 nach Berlin über. Dort feierte er mit der am 6. Februar 1913 im renovierten Theater des Westens uraufgeführten Operette »Die beiden Husaren« seinen ersten großen Erfolg. Die Operette wurde noch im gleichen Jahr von 23 Bühnen übernommen. Der Text stammt von Rudolf Schanzer und Wilhem Jacoby. In der Verwechslungskomödie um zwei Brüder, der eine Husarenoffizier, der andere ein Schneidermeister, und eine junge Fürstin spielte Käthe Dorsch die Rolle der Fürstin.
In den Berliner Zeitungen wurde die Aufführung ausführlich besprochen. Jessels Musik fand großen Beifall: »Auf dem Gebiet der Operette ist der Komponist noch so ziemlich unbekannt, deshalb kann er umsomehr mit dem Erfolg zufrieden sein. Verschiedenes, besonders zwei Tanzduette sind ihm ausnehmend gut gelungen. Herr Jessel zeigt schon im Aufbau des Finales des ersten Aktes, daß er imstande ist, den Charakter der Operette zu treffen. [...] Jessel scheint ein begabter Musiker zu sein, der eigene Gedanken hat, und von dem noch manches Gute zu erwarten sein dürfte.«[2]

Noch zwei weitere Werke des Komponisten wurden am Theater des Westens uraufgeführt: »Die Schwalbenhochzeit« (1921), Text von A. Pordes-Milo, mit den Darstellern Franz Groß, Margit Suchy, Franz Felix, Lotte Werkmeister und Paul Westermeier, und »Junger Wein« im Jahre 1933, Text August Neidhart, die letzte Uraufführung einer Operette von Léon Jessel in Deutschland.

Schon 1894 war Jessel zum Christentum konvertiert. Seit seiner Taufe betrachtete er sich nicht mehr als Jude. Seinen deutschnationalen Patriotismus und christlichen Glauben hatte er in zahlreichen Kompositionen deutlich zum Ausdruck gebracht. Am 1929 gegründeten antisemitischen »Kampfbund für Deutsche Kultur« zeigte er lebhaftes Interesse. Die Aufnahme wurde ihm jedoch aufgrund seiner jüdischen Abstammung verwehrt.
Im Gegensatz zu anderen jüdischen Operettenkomponisten war Jessel zunächst noch vom Aufführungsverbot ausgenommen. Besonders »Das Schwarzwaldmädel« entsprach den Vorstellungen einer volkstümlichen und nationalen Kunstauffassung. Noch bis zum Juni 1937 stand die Operette auf dem Spielplan des Nürnberger Opernhauses.
Jessel, der mit dem Nationalsozialismus sympathisierte und keine Veranlassung sah, Hitler-Deutschland zu verlassen, wurde dennoch ein Opfer der Gestapo. Am 15. Dezember 1941 wurde er verhaftet. »Verbreitung von Greuelmärchen«, »Hetze gegen das Reich« und »Verstoß gegen das Heimtücke-Gesetz« wurden ihm vorgeworfen. Ihm war eine Briefnotiz zum Verhängnis geworden: »Ich kann nicht arbeiten in einer Zeit, wo Judenhetze mein Volk zu vernichten droht, wo ich nicht weiß, wann das grausige Schicksal auch an meine Tür klopfen wird.«[3]

Am 4. Januar 1942 starb Léon Jessel an den Haftfolgen im Jüdischen Krankenhaus.

[1] Albrecht Dümling: Die verweigerte Heimat. Léon Jessel – der Komponist des »Schwarzwaldmädel«. Düsseldorf 1992. Ausstellung zum 50. Todestag des Komponisten. Kommunale Galerie, Berlin Wilmersdorf 1992.

[2] Charivari 1913, Nr. 7, S. 1.

[3] Dümling, a.a.O., S. 123.

Ferdinand Bruckner. Wien 1918

Reiner Matzker

Ferdinand Bruckner am Renaissance-Theater

Der am 26. August 1891 geborene und von seinen Biographen als »einsam« und »melancholisch« bezeichnete Dramaturg und Dichter Theodor Tagger gelangte erst unter seinem Pseudonym zu literarischem Erfolg: Nicht der Dramaturg Tagger, sondern der dem Expressionismus verpflichtete Dramatiker Ferdinand Bruckner sorgte in den zwanziger Jahren für Aufsehen.

Erfahrungen als Dramaturg und Regisseur hatte Tagger am Neuen Theater am Zoo gewonnen, wo er am 1. 2. 1922 im Auftrag der Calderon-Gesellschaft sein »Te Deum« aufführte. Wenige Monate später, am 18. 10. 1922, übernahmen Tagger und seine Frau die Direktion des nach dem Umbau des ehemaligen Terra-Kinos in der Hardenbergstraße eingerichteten Renaissance-Theaters.
Zur Eröffnung des Theaters inszenierte Ludwig Berger Lessings Trauerspiel »Miß Sara Sampson«. Das Bühnenbild entwarf Theodor Beye. Am 7. November 1922 führte Emil Geyer die Strindberg-Stücke »Das Band« und »Vorm Tode« auf, und Karl Heinz Martin inszenierte am 9. Januar 1923 Eugen Tschirikows Schauspiel »Die Juden« und am 18. März 1923 »Olympia«, ein Drama in fünf Akten von Ernst Weiss, mit Heinrich George und Agnes Straub. Am 8. Mai 1923 führte Heinz Goldberg »Esther Gobseck« auf. Theodor Tagger hatte das Balzac-Stück in vier Akten umgearbeitet. Das Bühnenbild entwarf Maxim Frey. Am 20. September 1923 inszenierte Goldberg »Die Zwillinge« von F.M. Klinger. Auch zu diesem Stück hatte Frey das Bühnenbild entworfen. Theodor Tagger selbst inszenierte am 30. Oktober 1923 »Studentenliebe (Die Tage des Lebens)« von Leonid Andrejew, am 1. April 1924 »Sommer«, vier Akte von Ossip Dymow, sowie am 19. April 1924 »Die tote Stadt«

von Gabriele d'Annunzio, mit Olga Tschechowa, und am 2. Juli 1924 »Gläubiger« von August Strindberg und »Heiratsantrag« von Anton Tschechow.

Anfang 1925 schrieb Tagger unter dem Pseudonym Bruckner das Stück »Krankheit der Jugend«, das am 16. Oktober 1926 zugleich im Lobe-Theater Breslau und in den Kammerspielen Hamburg uraufgeführt wurde. Das Stück, nach dessen Autor Kritiker und später sogar Richter und Rechtsanwälte zunächst vergeblich fahndeten, wurde am 26. April 1928 ein sensationeller Theatererfolg am Renaissance-Theater.
Der Dramaturg Tagger allerdings hatte zu diesem Zeitpunkt die Direktion des Theaters aus finanziellen Gründen längst an Gustav Hartung abgegeben und das Theater am Kurfürstendamm übernommen. Taggers Freund Franz Theodor Csokor soll Hartung das Stück empfohlen haben.
Über die »Krankheit der Jugend« schrieb Tagger alias Bruckner noch 1947 im New Yorker Exil: Das Stück habe sich als historisch richtig erwiesen und verdeutlicht, daß in der »darin gezeigten Demoralisierung und Ziellosigkeit der Jugend nach dem ersten Weltkrieg der Keim zu allem, was später kam, gelegt war« (Tagger an K.H. Martin, 20. Juli 1947).

Im Herbst 1928 führten Bruckners »Die Verbrecher« am Deutschen Theater zu einem großen Erfolg. Max Reinhardt, der das Stück ursprünglich inszenieren wollte, verlangte Bruckner persönlich kennenzulernen. Aber Tagger gab sich nicht zu erkennen. Der Name Bruckner hatte ihm eine neue Identität als Erfolgsautor verschafft, und er pflegte seine Anonymität mit nahezu psychopathischer Vehemenz. So erteilte in einem offenen Brief Ferdinand Bruckner Tagger, also sich selbst, das Verbot, Änderungen seines Stückes vorzunehmen: »Herr Th.T. scheint aus dem Umstand, daß seine Gattin meine ehemalige Sekretärin war [...] Rechte ableiten zu wollen.«

Bruckners drittes Stück, »Die Kreatur«, wurde von Reinhardt schließlich im Frühjahr 1930 inszeniert. Sein größter Erfolg war die Uraufführung der »Elisabeth von England« im November 1930. Zu dieser Zeit war das Pseudonym jedoch längst ein offenes Geheimnis.

Die Veränderung der politischen Lage in Deutschland ließ Tagger an Emigration denken. »Deutschland ist für mich jetzt, nach der absoluten Ruhe der Überlegung, des Nachdenkens und Beobachtens so entgiltig erledigt, wie ich es nie für möglich gehalten hätte«, schrieb ihm Karl Heinz Martin 1933, und sein Freund Csokor legte dem Ehepaar Tagger schon Ende Januar desselben Jahres die Emigration nahe:
»Liebster Freund, aus einem kleinen Café in der Leopoldstadt, nach einem Vortrag, den ich im hiesigen Bezirksgymnasium über zeitgenössische Dramatiker hielt, darunter Dich in erster Linie, schreibe ich Dir plötzlich in Todesangst um Dich und Betka – denn vor mir liegt die noch druckfeuchte Sonderausgabe des *Abend*, daß Adolf Hitler Reichskanzler geworden ist. Den Mann, der eben einer Bande viehischer Fememörder, die sein Vorläufer zur Hinrichtung bestimmt hatte, ein Glückwunschtelegramm schickte, setzt Hindenburg auf den Platz Bismarcks! Ich notiere auf dem Briefumschlag *nachsenden* – denn insgeheim hoffe ich, daß Ihr nicht mehr im Herrenstöckl des Charlottenburger Schlosses haust, sondern Euch nach dem Anhalter Bahnhof zur Fahrt nach Wien aufgemacht habt, Euch die herrliche Käthe Gold in der Josefstädter Aufführung Deiner *Marquise von O.* anzuhören, oder noch besser vom Bahnhof Zoo aus nach Paris! Es ist nämlich einfach unvorstellbar, wohin das noch führen kann, was heute in Berlin begonnen hat. Die Leute sind gründlich. Hier machen sie Witze, weil in den letzten Tagen aus Deutschland viele vermögende Leute, hauptsächlich Juden, einreisen; *die Ratten betreten das sinkende Schiff*, meinte Karl Kraus. Wie immer – ich habe mir geschworen, für die Dauer dieses Tausendjährigen Reiches meinen Fuß nicht mehr auf

deutschen Boden zu setzen – und ich fühle dabei, daß ich das Ende dieser tausend Jahre erleben werde! Folge mir! Auf Wiedersehen überall in der Welt – nur nicht mehr in Deutschland! Immer Dein Csoki« (Wien, 30. Jänner 1933. In: Theodor Csokor: Zeuge einer Zeit. Briefe aus dem Exil 1933-1950. München, Wien 1964, S. 17).

Leopold Jessner
Zeichnung von B. F. Dolbin

Tatjana Sais, Günter Neumann und Trauzeuge Werner Finck

Günter Neumann
Das erste Sechstel meines Lebens 1913-1949

Ich wurde am 19. 3. 1913 in Berlin geboren. Als ich ein Jahr alt war, brach der erste Weltkrieg aus, für den ich garantiert nichts konnte. Ich besuchte in Berlin die Schule bis zwei Minuten vorm Abitur. Ich hätte eine Prüfung doch nicht bestanden, weil ich als Pianist des Kabaretts »Katakombe« schon allabendlich am Nachtleben Berlins teilnahm, wo ich ganz andere Prüfungen zu bestehen hatte. In der »Katakombe« lernte ich eine Reihe von Kleinkunstleuten, Satirikern, Schauspielern, Musikern kennen: Werner Finck, Max Kolpe, Erik Ode, R.A. Stemmle, Erwin Straus, Walter Behr, von denen ich jetzt einige als Amerikaner und Franzosen wiedergetroffen habe.
Auch von meiner morgendlichen Schulbeschäftigung her blieben mir Freunde, die aus Tel Aviv schreiben oder mich als Captain besuchten.
1938 heiratete mich die Schauspielerin Tatjana Sais.
Als für Kämpfe wenig prädestinierter Mensch kämpfte ich im Dritten Reich nicht dafür, aber auch nicht dagegen. Trotzdem wurde ich mit meinen Kollegen Werner Finck, Walter Gross, Günter Lüders u.a. von den Herren der Staatspolizei eingeladen, mich mit Verhören, Verhaftung und Hausdurchsuchung vertraut zu machen. Das Lachen des Publikums im Theater galt schon als staatszersetzend und wurde abgeschafft.
Ich schrieb gelegentlich Filmlustspieldialoge und kleine Kabarettlieder. Vier Tage vor dem Krieg legte man Wert darauf, mich in Uniform zu sehen. Ich hatte das Glück, in dem mir aufgezwungenen Ehrenkleid die Fenster vieler Kasernen putzen zu dürfen, die Toiletten zu reinigen und die Exerzierhöfe zu kehren. Einmal schrieb ich auf Wunsch eines Obersten einen Militärmarsch. Der

Marsch brachte mir sechs Wochen Urlaub ein. Als er fertig war, brannte glücklicherweise meine Wohnung ab, so daß der Marsch nie an die Öffentlichkeit geriet.

Am 20. April 1945 kapitulierte ich in Leipzig bedingungslos und bekam dafür ein Päckchen Chesterfield sowie die Möglichkeit, den Sommer über am Rhein zu verbringen. Es war ein gemütliches kleines Camp mit 200.000 weiteren Gefangenen. Als ich dachte, daß ich im Entlassungszug säße, kam ich plötzlich in Frankreich an. Dort verbrachte ich ein erholsames Jahr in Chartres.
Wir bauten aus amerikanischen Kisten Geigen und Kontrabaß, die Saiten waren Schnüre amerikanischer Parachutes, die Blasinstrumente schickte die YMCA. Mit dieser Jazzbesetzung spielten wir auf vielen Parties. Man gab uns abends, wenn wir aus dem Camp geführt wurden, Zivilanzüge und deklarierte uns als Holländer. Das wirkte sich in der Verpflegung großartig aus. Nachdem ich bei einer Campaufführung die Musik zum Lieblingsstück des französischen Kommandanten, »L'aiglon« von Rostand, geschrieben hatte, fand der Lagerarzt, daß ich krank genug sei, um nach Hause zu fahren.
Im Juni 1946 kam ich nach Frankfurt, wo ich vier Wochen verbrachte. Zwei Wochen mit dem Ausfüllen von Fragebogen und zwei Wochen mit dem Schreiben von Radiosendungen. Zusammen mit Werner Finck fuhren Tatjana Sais und ich nach Berlin.

Allgemein über meine Einstellung zu satirischen Arbeiten könnte ich sagen: Ich finde es wichtig, die Menschen auf Fehler und Schwächen hinzuweisen. Aber ich finde es unfair, ihnen Eintrittsgeld abzunehmen, um ihnen häßliche Dinge von der Bühne herunter zu schimpfen. So kam ich auf die Mischung, das Publikum zunächst zu unterhalten und zum Lachen zu bringen und ihnen dabei in heimtückischen Dosen Dinge, die ich für richtig und nachdenkenswert halte, in den lustigen Cocktail zu träufeln.

Kurt Goetz
Zeichnung von Emil Stumpp, 1928

Hans Wölffer

Jürgen Wölffer

Zur Theaterarbeit des Vaters – Hans Wölffer

Mein Vater kam Anfang der dreißiger Jahre in seinem damaligen Beruf als Opernkapellmeister nach Berlin. Er hatte als Dirigent in vielen europäischen Städten, aber auch als Intendant der Deutschen Oper in Holland gearbeitet.

Die Gebrüder Rotter, eine der bedeutendsten Berliner Theater-Direktionen der damaligen Zeit (Metropol-Theater, Theater des Westens, Admiralpalast), engagierten ihn fest nach Berlin; sie wollten die Kroll-Oper als Opernhaus eröffnen. Während der Probezeit allerdings ging die Direktion Rotters in Konkurs. Statt in der Kroll-Oper zu dirigieren, leitete mein Vater für das Gläubigerkonsortium einer Bank, das den Spielbetrieb aufrechterhalten wollte, nun das Theater des Westens als Interimsdirektor.

Dieses Charlottenburger Haus war sein erstes Theater in Berlin. Es wurden damals Operetten gespielt. Und aus dieser Zeit stammen wohl auch seine guten Verbindungen zu damaligen Stars wie Richard Tauber, Max Hansen und zu den jüdischen Theaterleuten, die später emigrieren mußten, aber ihm nach dem Krieg wieder sehr geholfen haben.

Da das Theater des Westens gut lief, bekam er interimistisch noch das Deutsche Künstler Theater in der Budapester Straße, Ecke Nürnberger Straße, sein erstes Sprechtheater. Anschließend kaufte er mit Hilfe des Kaufmanns Heinrich van Hooven (dem Vater von Eckard van Hooven, Deutsche Bank) das Komödienhaus am Schiffbauerdamm und pachtete zwei benachbarte, freigewordene Spielstätten: die Komödie und das Theater am Kurfürstendamm.

In der Nazi-Zeit mußte mein Vater das Komödienhaus am Schiffbauerdamm aufgeben, obwohl es sich in seinem Besitz befand; er verpachtete es. Die beiden gepachteten Theater am Kurfürstendamm aber führte er weiter, so gut es ging. Da er nicht in der Partei war und anfangs noch jüdische Darsteller und Autoren verpflichtete, wurden ihm immer wieder Schwierigkeiten gemacht. In seiner Not hat mein Vater schließlich sogar gegen den preußischen Staat geklagt und den Prozeß in der ersten Instanz gewonnen; er hätte jedoch bei einer Weiterführung des Prozesses seine Lizenz verloren. So mußte er sich beugen. Später noch spielte er einige jüdische Stücke, aber unter anderem Namen, wie man in einem Buch des Reichs-Dramaturgen Sigmund Graff nachlesen kann. Die beiden Theater am Kurfürstendamm wurden schließlich verstaatlicht. Die Leitung übernahmen Prof. Stoß (später Direktor des Theaters in der Josefstadt) und Viktor de Kowa.

1950 kehrte mein Vater nach Berlin zurück und arbeitete zunächst als Regisseur am Renaissance-Theater mit Curt Goetz und Valerie von Martens: »Das Haus in Montevideo«.
Ein Jahr später übergab ihm Prof. Raeck die Komödie, die Achim von Biel notdürftig wieder aufgebaut hatte. Nach einer kurzen Spielzeit renovierte er erstmals das Theater.
Von 1961 bis 1964 übernahm er das Theater des Westens und brachte dort den Welterfolg »My Fair Lady« heraus. Das war damals ein Politikum, da in die Probenzeit die Errichtung der Mauer fiel. Die Premiere wurde ein umjubelter Erfolg. Die New York Times hielt es für die beste Produktion dieses Stückes auf der Welt, und der Tagesspiegel überschrieb seinen Leitartikel mit »My Fair Wölffer«.

Szenenfoto aus Götz Friedrichs Inszenierung von Janaceks
»Aus einem Totenhaus«, 1981 in der Deutschen Oper

»Der Kaufmann von Venedig«. Inszenierung von Erwin Piscator in der Freien Volksbühne 1963. Hilde Krahl, Ernst Deutsch und Wolfgang Spier

Wolfgang Spier
Der Lacher ist das Brot des Komikers. Boulevard-Erinnerungen

Aufgrund meiner jüdischen Abstammung durfte ich während des »Dritten Reiches« keinen künstlerischen Beruf ausüben. Ich war Bankangestellter und wollte eigentlich überhaupt nicht Schauspieler werden. Ich wollte Arzt werden und machte 1939 Abitur. Das Medizinstudium war mir aber versagt, und das einzige Studium, das mir blieb, war Wirtschaftswissenschaft. Ich habe drei Trimester studiert, dann wurde ich exmatrikuliert und bin zu einer Bank gegangen, zu einer Privatbank, die es heute noch gibt, Otto Scheurmann. Man hat mir gesagt, wenn ich dorthin gehe, soll ich gleich sagen, ich bin Halbjude, dann werde ich genommen. Er war ein ganz toller Mann, der mir sehr geholfen hat. Ich habe dort die ganze Zeit während des Krieges gearbeitet und bin eigentlich nur als Zuschauer theaterbegeistert gewesen, obwohl ich aus einer musischen Familie stamme, Curt Goetz ist der Vetter meiner Mutter, und Wilhelm Meyer-Foerster, mein Großonkel, hat »Alt-Heidelberg« geschrieben, dieses berühmt-kitschige Stück, das in Amerika zigmal verfilmt worden ist.
Doch irgendwann fing ich an, mich stärker für das Theater zu interessieren, und ich habe heimlich, als Gasthörer, obwohl ich das nicht durfte, bei Niedecken-Gebhardt Theaterwissenschaft gehört, vier Vorlesungen, dann hat man mich entdeckt und wieder rausgesetzt. Danach habe ich drei Monate Schauspielunterricht genommen, im Krieg noch, aber natürlich illegal und ohne Hoffnung, daß das für mich jemals einen Sinn hätte. Man war froh, wenn man überleben konnte.

Die erste Zeit nach dem Krieg habe ich in Berlin erlebt. Damals gab es die Kammer der Kulturschaffenden, von den Russen eingesetzt, wo sich jeder künstlerisch Tätige in Berlin melden mußte. Der Präsident war der Schauspieler Paul Wegener. Und ich wohnte als Untermieter bei seiner Schwester, einer Frau Prof. Gutzeit. Da ich inzwischen bei der Bank Schreibmaschine und anderes gelernt hatte, die Bank selbst war ausgebombt, saß ich vorübergehend als Empfangsherr in der Kammer der Kulturschaffenden. Jeder Berliner Künstler mußte an mir vorbei, und ich hab nichts anderes gemacht, als die Personalien aufgenommen: Wo möchten Sie hin, welche Abteilung? – Und da hab ich viele Schauspiellehrerinnen an mir vorbeigehen sehen und mir eine ausgesucht, das war Frau Holl-Bierkowski, die Witwe von dem berühmten Fritz Holl. Und ich begann, bei ihr Schauspielunterricht zu nehmen. Gleichzeitig machte meine Bank wieder auf, und ich habe auch dort gearbeitet. Drei Monate hatte ich Schauspielunterricht, dann starb die Dame. Also ich habe in meinem ganzen Leben eigentlich nur zweimal drei Monate Schauspielunterricht gehabt.

In Berlin aber fing es wieder an. In jeder Aula machte ein Theater auf – und überall. Ich spielte noch während meiner Bankzeit, das werde ich nie vergessen, in Charlottenburg, in der Sybelstraße, in der Schule Ecke Leibnizstraße. Dort waren die Kammerspiele Charlottenburg, eines der ersten Theater. Gleich das erste Stück, in dem ich eine Rolle hatte, war ein Boulevardstück, »Götter auf Urlaub« von Paul Helwig. Die Premiere war am 29. September 1945. Dann machte noch ein Theater auf, das Ernst Schröder leitete, das Rheingau-Theater in Friedenau. Dort spielte ich einen Liftboy in »Prozeß Mary Dugan«.
Und dann kam Karl-Heinz Stroux nach Berlin und inszenierte hier »Wir sind noch einmal davongekommen«. Und meine spätere erste Frau, Waltraut Schmahl, eine hochbegabte Schauspielerin, viel begabter als ich damals, sprach ihm vor. Er flog sehr auf sie als Schauspielerin. Und sie sagte: Ich hab da noch einen Freund, ob der auch mal vorsprechen kann.
So bin ich zu Stroux gekommen.

Im Herbst 1946 verließ ich mit Stroux Berlin. Wir gingen nach Wiesbaden, ans Staatstheater, wo mich Stroux fragte: Sag mal, willst du nicht Regisseur werden? Ich wollte ja eigentlich nur Schauspieler werden und sagte: Ja, wieso? – Ja, also, du hast Abitur, Geschmack – wie du angezogen bist, Phantasie – weiß ich noch nicht; aber weißt du, du hast doch schon mal studiert. – Ja, nee, das kann man wirklich nicht sagen. – Na, ja, weißt du, ich brauche einen, der mich vertritt, in Wiesbaden, ich brauche da einen jungen Mann, ich will Filme machen. – Hat er auch gemacht, zwei Filme, die ziemliche Flops waren, und ist reumütig zurückgekehrt.
Das war mein erstes Engagement. Ich habe bei Stroux assistiert, und so bin ich in die Regie gerutscht. Er hat mich sofort, nach vier Assistenzen, ohne daß ich wirklich Ahnung hatte, »ins Wasser geschmissen«. Ihm verdanke ich eigentlich alles, und er hat mir natürlich sehr geholfen, nach außen hin; aber durch seine Korrekturen hat er mir dann auch wieder Selbstbewußtsein genommen. Doch ich verdanke ihm meine ganze Karriere.
Stroux war von 1946 bis 1950 in Wiesbaden. Als er ging, wurden alle Strouxianer – wie es heute auch noch üblich ist – sofort gekündigt. Ich hatte inzwischen schon einige Stücke inszeniert. Eigentlich mehr inszeniert als gespielt. Ich habe das Gefühl, er hielt nicht so sehr viel von mir als Schauspieler, obwohl ich auch den Marchbanks in Shaws »Candida« gespielt habe; aber nie unter seiner Regie, immer unter anderen Regisseuren.

Als ich wieder nach Berlin kam, im Jahre 1950, wurde gerade der Theaterclub im British Center gegründet. Für mich ein purer Glücksfall. Der Theaterclub war ein Verein von älteren Damen und theaterinteressierten Herren, die über das englische Theater theoretisierten. Und zufällig fanden sich dort außer mir ein paar junge Leute zusammen, Ottokar Runze, Eberhard Fechner, Horst Buchholz, Martin Benrath, die sich fragten: Sollen wir nicht mal Theater machen, anstatt immer drüber zu reden. Und es wurde uns erlaubt. Wir holten einen Regisseur aus Ostberlin, einen älteren

Herrn, ich weiß den Namen gar nicht mehr. Der begann mit »Verlorene Liebesmüh«. Klaus Herm, Maria Sebaldt, Wolfgang Neuss haben mitgespielt, und nach ein paar Proben sahen wir uns alle an und sagten: Das ist ja furchtbar, was der macht. Und ich habe dann, obwohl ich ein Mensch bin, der eigentlich alles auf sich zukommen läßt und nie irgend etwas unternimmt, zum ersten Mal etwas unternommen und auf einer Ensembleversammlung gesagt: Ich bin auch Regisseur, ich hab schon Regie geführt.

Es war wirklich ein echtes Kollektiv. Jeder verdiente dasselbe Honorar, und zwar 15 Mark am Abend, ob er den Vorhang genäht oder Regie geführt hatte oder soufflierte. Als ein »Verein« des »British Council« durften wir nur 2,50 DM Eintritt nehmen.
Dann hab ich »Love's Labour's Lost« inszeniert. Es war ein Riesenerfolg, ich nehme an, weil wir alle jung waren. Wir waren das, was später die Schaubühne war. Wir waren einfach die »Jungen«.
Später hat in diesem Theater im British Center, im Theaterclub, wie er immer noch hieß, Kurt Meisel inszeniert, »Die Räuber«, eine ganz berühmte Inszenierung mit Horst Buchholz.
Das war wirklich eine sehr schöne Zeit. Ich bekam den Regie-Preis der Stadt Berlin und das Ensemble den Kritikerpreis. Wir waren das junge Ensemble. Nur, wir hatten kein Geld. Ich hielt das Ensemble damit über Wasser, daß ich als fester Regisseur für RIAS arbeitete und es im Landfunk und in Hörspielen immer wieder mit unterzubringen versuchte. Denn von den 15 Mark am Abend konnte man nicht leben.
Nach fünf Jahren lief das Kollektiv dann auseinander. Wir hießen immer noch die »jungen Leute«, dabei hatten wir teilweise schon Kinder, waren verheiratet. Ich ging wieder zu Stroux, nach Düsseldorf, was ich nicht hätte machen sollen; man soll nie als Assistent zum Chef zurück. Ich war für ihn immer der Assistent, und er war für mich immer der Gott. Ich war ihm gegenüber nicht souverän und habe nur für ihn inszeniert, für den Moment, wo er auf die Hauptprobe kam. Und ich habe mich nach zweieinhalb Jahren ein-

fach nicht mehr frei gefühlt und bin 1957 im guten – ich habe ihm das auch erklären können – mitten im Engagement ausgestiegen.

Es war ein Risiko. Aber hätte ich nicht dieses Risiko auf mich genommen, dann wäre ich – wie viele meiner Kollegen – heute noch dort. Ich ging weg, und am nächsten Morgen bekam ich einen Anruf vom NDR, ich soll ein Fernsehspiel machen. Ich kannte keinen Menschen aus dem NDR. Ich hatte noch nie Fernsehen gemacht. Und, merkwürdig, so ging es bei mir im Leben eigentlich immer. Dann ging ich zurück nach Berlin.

In der Komödie war meine erste Inszenierung »Pierre und Isabelle«. Das war noch, bevor ich nach Düsseldorf ging, 1955. Und mein erster Auftritt in diesem Haus war zur Zeit der Freien Volksbühne im Theater am Kurfürstendamm, unter Oscar Fritz Schuh in »Das Haus der sieben Stockwerke«.

1961 habe ich »Ein verdienter Staatsmann« von T.S. Eliot mit Bernhard Minetti inszeniert. Damals war ich 41 Jahre alt und bin vor Ehrfurcht fast in die Knie gegangen. Er galt zumindest eine Zeitlang als sehr schwierig, aber ich verstand mich gut mit Minetti. Ich habe eine umgängliche Art, und wenn ich was nicht weiß, frag ich. Auch muß man als Regisseur sagen können, daß man sich irrt. Ich muß sagen können, daß das, was ich gestern gemacht habe, mir heute überhaupt nicht mehr gefällt: Komm, lassen wir es weg, machen wir etwas anderes.

Für mich persönlich, für meine Karriere, war »Vater, armer Vater, Mutter hing dich in den Schrank, und ich bin ganz krank« von Arthur L. Kopit ein wichtiges Stück. Es ist in der Werkstatt bei Barlog über vier Spielzeiten gelaufen.

Ein anderes für meine Karriere wichtiges Stück war »My Fair Lady« am Theater des Westens, obwohl ich nur die Dialog-Regie führte. Aus folgendem Grund: Wir bekamen die Rechte nur unter der Auflage, das Stück genau so zu inszenieren wie in New York. Die Rechte für Europa hatte Lars Schmidt, der Mann von Ingrid Bergmann. Schmidt hatte »My Fair Lady« schon in Dänemark

produziert und dann an Hans Wölffer weitergegeben. Wölffer war gezwungen, einen Regisseur aus Dänemark zu nehmen: Sven Aage Larsen. Ein sehr netter Mann, der jedoch kein Wort Deutsch sprach. Larsen hat die Choreographie übernommen und ich die Dialogszenen. »My Fair Lady« war ein Sensationserfolg.
Ich spielte und inszenierte damals an fast allen Theatern in Berlin, im Schiller-Theater, Schloßpark-Theater, Werkstatt, Tribüne, Hebbel-Theater und im Theater des Westens. Auch Kabarett habe ich gemacht, mit den Wühlmäusen und den Stachelschweinen. Ich hatte schon vorher bei Greifenhagen, in der Greifi-Bar, Kabarett inszeniert, mit Ruth Stephan, Walter Gross und Werner Finck. Dort sind mir Wolfgang Neuss und Wolfgang Müller oft über den Weg gelaufen. Neuss spielte in »Das Haus der sieben Stockwerke« und hat später sogar selbst inszeniert, »Die Hose« von Carl Sternheim. Das war zu der Zeit, als ich in Düsseldorf war, 1955 bis 1957. Ich weiß nur dunkel, daß das wohl nicht so gut gegangen ist. Dazu war für mein Gefühl der Neuss ein viel zu sprunghafter Mensch, der nicht einen großen Bogen schlagen kann, der einfach von seinen Einfällen lebt. Und wenn man seine Einfälle nicht genug kontrolliert und nicht unter einem bestimmten Aspekt sieht, dann kann man von seinen Einfällen erschlagen werden. Ich kenne mehrere solcher Regisseure, die einfach vor Einfällen sprühen, und ein Einfall schlägt den nächsten tot. Sie arbeiten ohne Ökonomie. Aber die gehört dazu. Einfälle allein machen es nicht. Man muß den Bogen des Stücks behalten, man muß wissen, wo man Schwerpunkte setzt.

Manche Stücke, die ich sehr gut finde, zum Beispiel Stücke von Oscar Wilde, kann man heute nur noch schwer spielen. Die Leute haben nicht mehr die Ruhe, verschlungenen Pfaden der Dialoge nachzugehen. In Stücken von Oscar Wilde war es eine Wonne, den Dialogen zuzuhören. Nicht jeder Satz war eine Knall-Pointe; es war einfach ein gepflegter, witziger Dialog. Nur mußte man längere Zeit zuhören. Heute, in der Zeit der Video-Clips, muß das schneller gehen. Die Pointen müssen knapper werden, die Aktionen müssen schneller kommen …

Durch Alan Ayckbourn wurde das Boulevard beeinflußt vom absurden Theater, womit ich nicht sagen will, daß Ayckbourn-Stücke absurd sind. Aber bis dahin war alles realistisch. Wenn eine Küche auf der Bühne stand, dann war das eine Küche. Und wenn ein Zimmer daneben lag, war das das Zimmer neben der Küche. Bei Ayckbourn liegen drei Zimmer nebeneinander, die in Wirklichkeit in dem Haus aber übereinander liegen. Das heißt, wenn sie in dem einen Zimmer mit dem Fuß aufstampfen, steht neben Ihnen einer, der horcht auf, weil er oben etwas hört. Mehrere Geschichten sind ineinander verwoben. Die Schauplätze sind in sich verschachtelt und irreal, und auch die Zeiten sind verändert. Beispiel: »Bessere Hälfte«. Ein Paar ist bei zwei verschiedenen Paaren an zwei Tagen am selben Tisch zusammen eingeladen. Ayckbourn hat die Realität aufgebrochen.
Oder auch »Komödie im Dunkeln« von Peter Shaffer: Der Vorhang geht auf. Es ist stockdunkel auf der Bühne. Und die Leute denken, das ist ein Beleuchtungsfehler. Und plötzlich geht das Licht an, und einer sagt: Scheiße, Kurzschluß. Also umgekehrt. Wenn ein Streichholz angezündet wird, wird es dunkler, was im Dunkeln passiert, ist vom Publikum zu sehen. Dieses Prinzip. Ein genialer Einfall …
Zwei Ungarn kamen auf die Idee, das Prinzip ins Akustische umzusetzen. Sie haben eine Dame auf die Bühne gesetzt, die taub ist. Und immer wenn diese auf der Bühne war, hat man die anderen nicht gehört. Sie haben nur den Mund bewegt. Verließ sie die Bühne, hat man die anderen wieder verstanden. Später hat sie sich ein Hörgerät gekauft, und man hat nur dann nichts gehört, wenn sie das Hörgerät abstellte. Ich war so verliebt in das Stück. Aber es hat nicht funktioniert. Es war ein echter Flop, die schönste Premierenfeier, die wir je hatten, weil wir noch nicht wußten, daß es so ein Flop wird. Aber es war ein echter Flop.

Die zweite Niederlage, die mich schmerzt, ist jetzt »Frühstück bei Rififi«, ein Stück, das ich zusammen mit Pit Fischer geschrieben habe. Ich habe es in Bonn gesehen. Dort hat es ein anderer inszeniert, und es ist es fabelhaft angekommen. Ich dachte, jetzt mache ich es noch besser. Man soll nicht sein eigenes Stück inszenieren. Dies ist im Grunde mein Prinzip. Zu Flatow habe ich gesagt, als er in anderen Städten seine eigenen Stücke inszenierte: Curth, dir kann doch zu deinem Stück nichts mehr einfallen. Du hast doch alles bereits geschrieben. Es kommt ja keine neue Phantasie dazu. – Ich selber, ich Idiot, setz mich hin und inszeniere mein Stück. Und für mich ist es schon ein Flop, wenn die Leute nicht jubeln. Es ist den Bach runtergegangen. Gewiß, man ist vor jeder Premiere nervös. Aber ich spüre schon, ob ein Stück ankommt oder nicht, wenn die Techniker hereinkommen oder wenn die Maskenbildner zum ersten Mal unten sitzen. Wenn sie nicht viel lachen und nachher, wenn sie einem aus dem Weg gehen und keiner sagt: Mensch, toll du – dann weiß ich schon: ach, du lieber Gott.
Das Lachen ist schon entscheidend. Zwar ist das Lachen kein Kriterium für Qualität, aber trotzdem ist der Lacher das Brot des Komikers. Man soll nicht auf Lacher spielen. Nicht die Pointe runterknallen, und wenn sie heute nicht gelacht haben, dann muß ich sie morgen breiter bringen, noch eine Grimasse dazu schneiden, das hasse ich sowieso. Jeder Schauspieler kennt seinen komischen Trick. Bei mir ist es die Stimme. Ich brauch eine Pointe nur mit heller Stimme zu sprechen, schon lachen die Leute. Das will ich aber nicht. Die Leute sollen über die Pointe lachen und nicht über meine hohe Stimme. Wenn ich das einsetze, dann nur einmal im Stück. So versuche ich es auch meinen Schauspielern beizubringen. Jeder hat seine Tricks. Der Peer Schmidt zum Beispiel hat eine vis comica, wenn der dumm guckt, muß man einfach lachen, in der richtigen Situation natürlich.
Ich bin ein komödiantischer Schauspieler. Und mir fällt auf der Probe sehr viel ein. Nur bin ich inzwischen so erfahren, daß ich das dosiere; es passiert, daß wir uns auf den Proben halb totlachen.

Sehe ich das im Ablauf, dann sage ich oft: Kinder, das ist ein Probengag. Wir haben uns daran festgebissen. Das paßt nicht. Das ist »raufgeknallt«. Man muß den Mut haben, Ideen wegzulassen und sich nicht in seine eigenen Einfälle verlieben.
Warum ist unser Humor-Geschäft so schwierig? Ein Beispiel, das ich immer wieder anführe; es ist nicht von mir, aber es ist einfach gut: Wenn Sie auf der Bühne eine Pistole nehmen und auf eine ältere Frau anlegen, und es ist ihre Mutter, dann finden das von hundert Leuten hundert tragisch und widerlich und spannend. Sie haben alle dieselbe Meinung. Wenn Sie aber eine Pointe bringen oder einen Gag oder eine komische Situation spielen, dann finden sechzig Prozent das komisch, und vierzig Prozent sagen: Darüber kann ich nicht lachen. Der Humor ist nicht so gleichmäßig verteilt wie der Sinn für das Tragische oder das Spannende.
Aber es scheint meine Stärke zu sein, die Mehrheit mit meinem Humor zu erreichen. In meinem neuen Stück spiele ich einen unbegabten, stellungslosen, gescheiterten Schauspieler, einen Kleindarsteller, der die Chance hat, jetzt den eifersüchtigen Ehemann zu spielen. Es ein sehr gutes Stück. Englischer Humor. Der englische Humor ist trocken, und es ist schwer, den englischen Humor ins Deutsche zu übertragen, weil ein Engländer für eine Pointe drei Worte braucht und wir brauchen mindestens fünf oder sechs, wenn nicht acht für dieselbe Pointe. Die Engländer lachen mehr über sich selber, und das ist den Deutschen nicht so gegeben, und deshalb ist auch nicht der Humor des Deutschen erste Eigenschaft. Muß ja auch nicht sein. Wir haben ja viele andere. Wir sind Dichter und Denker.
Sie werden in meinen Rollen immer sehen, daß ich mich nicht scheue, mich selbst lächerlich zu machen, ich meine, so daß die Leute über mich lachen können und mich trotzdem gern haben. Ich mache das nicht bewußt. Das ist natürlich eine Frage der Persönlichkeit, ich glaube, das Jüdische in mir trägt dazu bei. Der jüdische Humor versteht es, auch über sich selbst am meisten zu lachen – und nicht über die anderen.

Das Heitere liegt mir. Obwohl ich als Schauspieler viel lieber ernste Sachen spiele. Nicht nur, weil es leichter ist, sondern einfach auch zur Abwechslung. Und in meinen Boulevard-Stücken finden sich immer Stellen, wo ich wirklich ganz ernst bin, weil ich nichts schlimmer finde, als wenn alles auf der Bühne lustig ist. Das wäre falsch verstandenes Boulevard. Unten sollen sie lachen. Ich habe absurde Sachen inszeniert, »Die Geburtstagsfeier« und »Nashörner«, und während der Einakter-Wochen in der Tribüne habe ich ganz viele absurde Stücke gespielt und inszeniert. Doch wenn jemand gekommen wäre und gesagt hätte, ich soll den »Tell« inszenieren, das hätte ich sicher nicht gemacht. Ein Shakespeare-Lustspiel wie die »Widerspenstigen« habe ich ja mehrmals schon inszeniert. Das würde ich auch heute immer noch machen. Aber ich muß einfach auf ein Stück »fliegen« ...
Viele sagen, der Spier, der macht zuviel. Aber das sagt man mir schon seit fünfundzwanzig Jahren. Ich lebe ziemlich ökonomisch. Ich probiere am Tag vier Stunden, von zehn bis zwei, aber sehr konzentriert, mit einer zehnminütigen Pause. Ich lege mich jeden Nachmittag hin und schlafe, und abends spiele ich. Gut, vor zwei Uhr komme ich nicht ins Bett. Und wenn ich Proben habe, muß ich wieder um halb acht aufstehen oder um acht, aber dafür schlafe ich nachmittags. Und ich kann faul sein. Es ist nicht so, daß ich unbedingt arbeiten will. Ich werde 71, und ich achte schon ein bißchen darauf, daß ich nicht mehr zu viel mache. Ich habe künstliche Hüften und muß meine Beine öfter ein bißchen hochlegen.
Aber ich arbeite schon ziemlich viel. Ich habe es in meinem Leben nie anders gemacht. Und es hat mich jung gehalten. Ich glaube schon, wenn man in Schwung bleiben will, muß man auch etwas dafür tun ...

Nach der Tonbandaufzeichnung eines Gesprächs im Frühjahr 1991, das Reiner Matzker 1991 mit Wolfgang Spier führte.

Karel Čapek
Zeichnung von Emil Stumpp, 1928

Hans Lietzau und Boleslaw Barlog

Willi Schmidt
Boleslaw Barlog
zum 85. Geburtstag am 28. März 1991

Hochverehrte Versammlung, liebe Leute!
Offenbar gibt es Situationen, Begebenheiten, Konstellationen, deren Sinn, Bedeutung, ja deren Symbolgehalt erst dann zu Tage tritt, wenn das Gedächtnis sie aus besonderem Anlaß aus dem Vergessen zurückruft.
Von dieser Art ist meine erste Begegnung mit Boleslaw Barlog. Ich muß Sie bitten, mich fast sechzig Jahre zurück in das Jahr 1932 zu begleiten.
Im Oktober dieses fernen Jahres wird in der Volksbühne, im Untertitel damals auch »Theater am Bülowplatz«, die Premiere von Gerhart Hauptmanns »Ratten« vorbereitet. Die Regie hat Heinz Hilpert, und Boleslaw Barlog ist sein Assistent. Die szenischen Räume hat Rochus Gliese entworfen, als dessen Assistent ich wiederum für die Umsetzung der Entwürfe auf der Bühne zu sorgen habe.
Daß die beiden Hilfskräfte ihren Meistern vom Kaffeeholen aus der Kantine bis zu selbständigeren, verantwortlicheren Tätigkeiten gemeinsam zur Hand gehen, ist die tägliche Übung.
Nicht alltäglich ist, daß in Hauptmanns berlinischer Tragikomödie ein ehemaliger Kasernen-Dachboden als Probenraum, Fundus, Requisitenkammer eines ehemaligen Theaterchefs namens Hassenreuter einzurichten ist.
Ich muß ergänzen, daß Harro Hassenreuter, wie sein Erfinder ihn zeichnet, durchaus kein Schmierendirektor ist, sondern ein Mann mit künstlerischem Ehrgeiz, der sich z.B. an »Luther-Festspielen« versuchte. Mit einem seiner Schüler, in dem Hauptmann sich selbst porträtiert, gerät er alsbald über die heroischen Attitüden seiner Darstellungsweisen in Streit. Der junge Spitta will ganz andere Wahrheiten auf der Bühne verwirklicht sehen. Das trägt ihm den

Vorwurf ein, er nage an den Wurzeln des Baumes des deutschen Idealismus, er sei eine »Ratte«.
Ein ganzes Zeitalter war demnach auf eine Formel zu bringen und sichtbar zu machen.
Nun bitte ich Sie, sich vorzustellen, mit welcher Lust Barlog und ich uns der Einrichtung dieses Ambiente angenommen haben. Was wir da an Kulissen-Fragmenten, Versatzstücken, Möbeln, Kostümen, Ritterrüstungen, Hellebarden, ausgestopften Tieren, vertrockneten Lorbeerkränzen, leeren Bilderrahmen, Nippes und Krimskrams, kurz an unsäglichen Theaterherrlichkeiten der Jahrhundertwende zusammentrugen und zu einem monströsen Stilleben arrangierten, konnte sich wahrhaftig sehen lassen und fand zu unserer Genugtuung den ungeteilten Beifall der Herren Hilpert und Gliese.
Also: Wenn diese erste gemeinsame Arbeit für die Bühne, noch dazu für »Theater auf dem Theater«, keinen Symbolcharakter hat, welches Zusammentreffen müßte man erfinden, eine Verbundenheit zu dokumentieren, die über Jahrzehnte hin bis zum heutigen Tag währt und bis zu aller Tage Abend bestehen bleiben wird?

Zur Zeit des Hassenreuter-Theaters waren wir beide im dritten, heute sind wir selbander im neunten Lebensjahrzehnt. Indem ich es ausspreche, befällt mich ein grenzenloses Staunen; denn Theaterjahre, heißt es ja, zählen doppelt.
Biblisches, methusalemisches Alter ist erreicht – und über welche Zeitläufe hinweg, an denen man, genau betrachtet, eigentlich mehrere Male hätte zugrunde gehen müssen. Bisweilen war es nahe daran. Wir haben sie überstanden.
Wir haben zur Stunde Null, nach 1945, gemeinsam in größerem Rahmen fortgesetzt, was wir an der Volksbühne begonnen hatten: ein Theater zu etablieren.
Der Mann, der dreizehn Jahre zuvor dem Direktor Hassenreuter zur Existenz auf der Bühne verholfen hatte, war nun selbst Theaterleiter und blieb es länger als ein Vierteljahrhundert.

Das sagt sich so hin.
Was es an »Unsäglichem« bedeutet, kann man kaum ermessen: die Freuden, die Leiden, die Enttäuschungen, die Beseligungen, das Gelingen, das Mißraten, die Lobpreisung und die Verschimpfierung. In buntem Wechsel vollzieht sich das ohne Unterbrechung, ein Einakter gigantischen Ausmaßes, nach Beginn kein Einlaß mehr, »lebenslänglich«.
Wer könnte sich anmaßen, diese Liebesdienste in Thaliens Fron nach Gebühr zu würdigen? – Er müßte ja mit tausend Zungen reden!

Das Mißliche an unserem Metier ist, daß sich seine Ergebnisse der Überlieferung geradezu widersetzen. Große Theaterabende, deren man gelegentlich teilhaftig werden kann, sind nicht überlieferbar. (Sie werden mir nicht das Surrogat einer »Aufzeichnung« entgegenhalten.)
Was allenfalls bleibt, für begrenzte Zeit, ist die Erinnerung an die außergewöhnliche Erscheinung einer Schauspielerin in der und der Rolle, an die Erschließung einer Szene durch die Regie, die man zuvor in ihrer Bedeutung kaum wahrgenommen, an einen Szenenraum, der den geistigen Raum des Dramas auf vollkommmene Weise ins Optische übertrug.
Das soll heißen: Was allenfalls von der Theaterarbeit unseres »Geburtstagskindes« weitergegeben werden könnte, sind punktuelle Höhepunkte, wenn das Ziel, das es sich gesetzt hatte, erreicht war.

Ich habe das Wort Geburtstagskind mit Bedacht gebraucht. Ein Kind spielt.
Die Bühne heißt Schau*spiel*haus, der dort auftritt, heißt Schau*spieler.* Der Namenspatron dieses Hauses hat formuliert, der Mensch sei erst dann ganz Mensch, wenn er spiele. Mehr will ich dazu nicht sagen. Eine gewisse, sozusagen raffinierte Naivität gehört dazu, diese Würde, die dem homo ludens hier zugesprochen wird, zu bejahen.

Boleslaw Barlog ist ganz unbeirrbar in seiner Spielleidenschaft, die er durch keine ideologische Rechtfertigung korrumpiert sehen will – so, als müsse sich das Theater immerfort das Gewissen reinigen, wenn es auf seiner »Nutzlosigkeit« besteht.

Ich kann nur ahnen, wie schwierig es oft für Barlog war, in den Haushaltsdebatten des Senats dem zuständigen Ressort klarzumachen, daß es eine »Kosten-Nutzen-Rechnung« am Theater nicht geben kann, daß der Vorhang besser geschlossen bliebe, wenn dem immateriellen Wert einer Bühne im Kulturganzen einer Stadt keine Bedeutung beigemessen werde.
Da hat es gewiß manchen Zwist mit fiskalischer Engherzigkeit gegeben. Ich muß aber gleich hinzufügen, daß der frühere Hausherr seinen ganzen Ehrgeiz darein gesetzt hat, die Subventionen, die ihm zuteil wurden, mit künstlerischer Qualität zu vergelten. Den Anspruch, den man an sein Ensemble richtete, das er unermüdlich und mit wünschelrutenhaftem Spürsinn ergänzte und auf hohem Niveau hielt, hatte er aus einer Zeit übernommen, als Berlin eine europäische Theatermetropole war.
Als passionierter Theatergänger hatte er in den zwanziger Jahren die Inszenierungen Max Reinhardts, Jürgen Fehlings, Erwin Piscators, Berthold Viertels, Erich Engels, Karl Heinz Martins, Heinz Hilperts erlebt, hatte erfahren, wie die Bühne zum Kristallisationspunkt musischer Kreativität werden kann.

Ich weiß wohl, daß eine andere Generation von dem Begriff Tradition nur gelangweilt wird. Aber ich wäre ganz unaufrichtig, wenn ich aus Gefälligkeit verschwiege, daß wir, Boleslaw Barlog und ich, ohne das Bewußtsein, einer Überlieferung verantwortlich zu sein, nicht am Theater hätten arbeiten können oder wollen.
Uns sind Maßstäbe vermittelt worden, die unverlierbar sind – und wenn mir etwas am Theater zuwider ist, so ist es seine Neigung, der gerade herrschenden Mode, dem gängigen Trend, der angeblich erfolgversprechenden Tendenz opportunistisch nachzujapsen.

Etwas wie Charakter gehört zum Inventar, um einem Theater seine vom Zeitgeist unabhängige Position zu erhalten. Boleslaw Barlog hat ihn bewiesen, er hat erfüllt, was Schiller vom Künstler fordert: »Lebe mit Deinem Jahrhundert, aber sei nicht sein Geschöpf; leiste Deinen Zeitgenossen aber was sie bedürfen, nicht was sie loben.«

Man hat gesagt, er habe seinen Bühnen als Prinzipal vorgestanden, vielleicht als letzter seines Zeichens. Das ist nicht schlecht beobachtet, wenn damit betont wird, sein Amt sei von ihm mit Autorität, aber keineswegs selbstherrlich geführt worden.
Es soll, einem Ondit zufolge, Regisseure geben, die eher Dompteuren gleichen oder wahren Teufelskerlen, die ihre Pranke jeder Szene unverkennbar aufprägen, auch wenn sie damit um ihren Sinn gebracht wird – Hauptsache, man erkennt, wer da genialisch-unerbittlich am Werke war, um Profil zu gewinnen.
Ich kommentiere dieses Verfahren nicht – oder doch hier und jetzt nicht –, diese freundliche Stunde zur Feier eines Hochverdienten wäre ja auch zur Publikumsbeschimpfung ganz ungeeignet.
Aber eines will ich doch anmerken: Man kann als Regisseur auch, wie Barlog, eine andere Handschrift pflegen. Dazu gehört, daß er dem Schauspieler zunächst einmal mit Zuneigung begegnet und mit dem Respekt vor seinem diffizilen Talent, das er allerdings, wenn er bitten dürfe, vorzuweisen habe. (Aber das ist selbstverständlich, er wäre ja sonst nicht an die Barlog-Bühnen engagiert worden, deren Ensemble nun wirklich und wahrhaftig aus Protagonisten bestand.) Der Schauspielerin, dem Mimen, die ihre Ausdrucksmittel beherrschen, aber noch unsicher tasten, wie sie diesmal in den laufenden Proben einzusetzen sind, kann geholfen werden. Mit Behutsamkeit, mit dem Bemühen, die innovativen Kräfte zu wecken, die sich in ihnen verbergen, mit insistierender Neugier auf die schöpferischen Prozesse, die langwierig sein können, bis die Beherrschung einer Rolle erreicht ist. Das erfordert Geduld und zwar unerschöpfliche, immer erneuerte, bis sich zu regen beginnt, was von Probe zu Probe deutlicher an Gestalt gewinnt.

Ich glaube zu wissen, daß dem Mann des Theaters, der heute zu ehren ist, eine Menschenliebe eignet, die auf seine Schauspieler zu übertragen er ein Leben lang geübt hat.
Mit dem Ergebnis, daß daraus ein poetisches, wiewohl ganz unsentimentales, ein so humanes wie kritischer Betrachtung des Zeitalters nicht ausweichendes Theater entstand. – Vor allem aber auch ein Theater der Heiterkeit.

Ich bin nicht sicher, ob ihm daran liegt, heute gerühmt zu werden, ob er nicht vielmehr, wie es in seinen Jahren unvermeidlich ist, zu der Einsicht gelangte, daß es falsch gewesen wäre, ausgerechnet »zum Theater« zu gehen, hätte man es auf immerwährenden Ruhm oder gar auf Unsterblichkeit abgesprochen.
Vergänglicheres als die Darstellenden Künste ist kaum denkbar; indem sie vonstatten gehen, sich in einer Vorstellung manifestieren, sind sie auch schon »überholt«, wie es schnöderweise heißt, an die Wand gedrückt, in die Ecke gedrängt vom Tagesgeschehen.
Man muß robust sein, obwohl Robustheit der zum Beruf erforderlichen Sensibilität widerspricht, um das auszuhalten – nein, nicht nur, um es zu ertragen, sondern [um es] zu bejahen.
Etwas, zu dessen Wesen das Vorüberfliehende, dem Augenblick Verdankte, verschwenderisch Unstete gehört, kann nicht festgestellt werden – woraus hervorgeht, daß ich mich übernommen habe, als ich versuchen wollte, Sie von der Bedeutung Boleslaw Barlogs zu überzeugen.
Er selbst hat mir schon längst signalisiert – ich kenne diesen Ausdruck ironischer Skepsis, diese hochgezogenen Augenbrauen bei etwas zur Seite geneigtem Kopf sehr genau – er selbst hat mir zu erkennen gegeben, ich solle gefälligst jede Lobhudelei beiseite lassen.
Er ist imstande hinzuzufügen: Ich weiß schon selbst, was ich getan habe.
Dieser Satz kann zweierlei bedeuten: das Bewußtsein von der Begrenztheit des eigenen Tuns und den Stolz auf den Beitrag zu Berlins Theatergeschichte.

Ich will heute nur das Zweite gelten lassen, den berechtigten Stolz auf eine Lebensleistung, die den Theatergängern dieser Stadt ungezählte Stunden der Herzerhebung, der Erkenntnis, ja der Beglückung durch die Kunst des Theaters vermittelt hat.
Ihn dafür heute zu ehren ist uns viel mehr als eine Verpflichtung, nämlich eine Freude, eine Bekundung der Freundschaft und ein beinahe schon leidenschaftliches Bekenntnis zu einer Form des Theaters, die er überliefert, fortgesetzt und aus Eigenem mit großem Reichtum versehen hat.
Ich danke Ihnen.

Martin Held

Christine Fischer-Defoy

Mein »letztes Band« – Gespräch mit Martin Held über die Staatliche Schauspielschule an der Hochschule für Musik

Die Staatliche Schauspielschule an der Berliner Hochschule für Musik in der Fasanenstraße 1 wurde 1923 gegründet, nahm aber erst zum 1. Oktober 1925 den Unterrichtsbetrieb auf. Die Leitung übernahm der damalige Intendant der Berliner Staatstheater, Leopold Jessner. Hervorzuheben ist das Finanzierungsmodell der Schule: An den preußischen Staatstheatern in Wiesbaden, Kassel und Berlin wurde beim Verkauf der Eintrittskarten eine Sonderabgabe erhoben, die der Hochschule für Musik zur Finanzierung der Schauspielschule überwiesen wurde. Zu den Lehrkräften gehörten neben Jessner namhafte Theaterleute wie Lucie Höflich, Tilla Durieux und Erich Engel sowie der Theaterwissenschaftler Julius Bab und der Bühnenbildner Emil Pirchau. Am 15. März 1927 fand die erste Schüleraufführung mit Szenen von Büchner, Tolstoi, Wedekind, Lessing und Schiller statt, bei der unter anderen die Schauspielschüler Bernhard Minetti und Max Lingner mitwirkten.

Die Wirtschaftskrise und durch sie bedingte drastische Einsparungen auch an den Hochschulen führten 1931 zur Schließung der Schauspielschule. Zum Hintergrund im »Fall Jessner«, wie die Schließung in der Presse apostrophiert wurde, gehörte aber auch schon der schleichende Antisemitismus innerhalb und außerhalb der Hochschule. Unter Trägerschaft der Genossenschaft deutscher Bühnenangehöriger und des Deutschen Bühnenvereins wurde die Schauspielschule zunächst für zwei Jahre fortgeführt, wobei das Gehalt von Leopold Jessner, dessen Vertrag bis zum 30. September 1934 lief, weiter die Hochschule bezahlte.

Die Machtübernahme 1933 bedeutete auch für diese Institution das Ende: Am 30. September 1933 wurde die Schauspielschule per

Dekret des Reichserziehungsministeriums geschlossen. Die noch verbliebenen jüdischen Lehrkräfte Leopold Jessner, Charlotte Pfeffer und Oskar Daniel wurden zu diesem Datum entlassen.

Am 31. Januar 1992 starb in Berlin der Schauspieler Martin Held. Er gehörte zu den liebenswertesten Zeitzeugen meiner Forschungsarbeit über die Hochschulgeschichte, die auch die Staatliche Schauspielschule einschloß, an der Martin Held von 1921 bis 1931 studiert hat. 1986 hatte ich in diesem Zusammenhang ein Interview mit ihm geführt. Dies war der Beginn einer Reihe von Nachmittagen, die wir in ernstem und fröhlichem Gespräch beim Tee verbrachten. Zu den Schätzen meines kleinen Tonarchivs zur Hochschulgeschichte gehört mein »Letztes Band« mit Martin Held in der Hauptrolle, auf dem er mir am 15. September 1986 über seine Studienzeit berichtete.

Wie sind Sie an die Staatliche Schauspielschule gekommen?
Durch einen lächerlichen Zufall! Ich arbeitete damals bei der Firma Siemens, um Elektrotechniker zu werden und bin mal eines Abends von der Lynarstraße, wo wir wohnten, die Müllerstraße, Chausseestraße, Friedrichstraße runter bis zum Staatstheater gelaufen, weil ich vorhatte, irgend jemanden zu fragen, wie man das eigentlich macht, Schauspieler zu werden. Ich ging zu einem Premierenabend von Jessner dort hin und fragte beim Pförtner, am Bühneneingang, den Bühnenmeister, ob es hier eine Schauspielschule gäbe. Und da sagte der: Nee, gibts hier nicht. Fragen Se mal den Herrn, der da am Schwarzen Brett steht. Und da stand ein Herr mit einer merkwürdig spitz zulaufenden Schädelform, wie eine Glocke, und er sagte: Warten Sie hier einen Moment, ich komme gleich wieder. Er ging rein, und das wiederholte sich ungefähr acht- oder zehnmal; [Jessner] sah sich niemals seine Premiere an, so lief er mit mir eineinhalb Stunden ums Schauspielhaus. Und immer, wenn wir am Bühnentor waren, ging er rein und erkundigte sich, ob

alles in Ordnung ist und gut läuft. Und dazwischen fragte er mich, was ich bisher gemacht hätte. Ich erzählte, daß ich auf einem Technikum war und bei Siemens eine Ausbildung machte, aber eigentlich Schauspieler werden wollte. Er war außerordentlich sozial engagiert und wahnsinnig neugierig und hat mich das Blaue vom Himmel gefragt: Was ein gelernter Arbeiter bei Siemens verdient? Und ein ungelernter? Ja, er wollte sogar wissen, was man sich in der Kantine zum Frühstück holt. Ich habe ihm getreulich berichtet und zum Schluß schrieb er mir ein Zettelchen, ich sollte ins Büro der Staatlichen Schauspielschule gehen und dann würde ich vielleicht noch eine Nummer bekommen für die Aufnahmeprüfung. Ich bekam – unvergessen – die Nummer 187!

Das Merkwürdige und bis zum heutigen Tage völlig Unerklärliche war, daß Jessner einen Narren an mir gefressen haben muß; denn er war von einer unendlichen, reizenden Liebenswürdigkeit. Er erkannte mich auch bei der Prüfung sofort wieder, als ich endlich dran war mit meiner Nummer 187. Und mir ist bis heute schleierhaft, wie ich die Prüfung bestanden habe; denn ich blieb auch noch bei einem Text stecken, und Jessner schickte mich raus und sagte: Sie haben doch sicherlich heute schon bei Siemens gearbeitet? – Das stimmte gar nicht, aber ich sagte: Jawohl. Und er schickte mich rüber in ein Café, das war an der Ecke Fasanenstraße/Hardenbergstraße und sagte: Geh'n Sie da hin und trinken Sie einen Kaffee und dann kommen Sie wieder.

Können Sie etwas über Jessners Ausbildungskonzept erzählen? In den Jahresberichten der Hochschule für Musik gibt es einen Aufsatz von ihm, in dem er den Wandel beschreibt, der sich in der Schauspielkunst vollzogen habe, weg vom Pathos, hin zu lebensnaher, alltäglicher Darstellung. Wie hat sich das auf seinen Unterricht ausgewirkt?
Er ließ viel improvisieren, so fing der Unterricht bei ihm überhaupt an! Er gab Themen aus und sagte: Fräulein Sowieso, Herr Sowieso, Sie sind ein Ehepaar, Arbeiterfamilie, Sie sind soundso alt, er ist

soundsoalt, er ist Maschinenschlosser, sie ist Hausfrau. Wie fängt der Tagesablauf in einer solchen Familie an? Bauen Sie sich eine Dekoration auf, das können Sie jeweils verändern, fangen Sie mit dem Schlafzimmer an, gehen Sie dann in die Küche und so weiter. Spielen Sie jeden Handgriff, den Sie machen. Vom Teekessel aufsetzen, die Frau muß das Geschirr hinstellen, und man muß an der Art ihrer Bewegungen erkennen, ob sie eine Kanne nimmt oder eine Tasse.
Das waren sehr gute Übungen, die er korrekt durchführen ließ. Ich habe später selbst Schauspielunterricht gegeben und weiß, wie wichtig das für einen jungen Menschen ist, keine schwafelnden Bewegungen zu machen, sondern präzise und korrekt den Ablauf dessen wiederzugeben, was man sich selbst vorstellt, und das dann erkennbar zu machen für den Zuschauer.

Ab wann fing man dann an, Rollen für Schulinszenierungen zu erarbeiten?
Das war meistens nach einem Jahr. Man hatte zum Beispiel bei Grete Ilm schon nach einem halben Jahr Szenenproben mit einem Partner oder einer Partnerin zusammen. Und nach einem Jahr wurden regulär Stücke erarbeitet.

Die Aufführungen der Schauspielschule waren öffentlich, wo fanden sie statt?
Da konnte jeder hinkommen, das war dort, wo heute der »Theater- und Probensaal« der HdK ist, dort gab es ein kleines Theater. Das wurde oft vermietet an irgendwelche Theatergesellschaften, aber an sich gehörte dieses kleine Theaterchen der Schauspielschule und der Opernschule der Hochschule für Musik. Und wenn dort eine Oper geprobt wurde, dann saßen wir natürlich auch hinten und linsten von der letzten Reihe, so wie wir auch versuchten, ins Staatstheater am Gendarmenmarkt oder ins Schillertheater zu kommen, manchmal auch als Statisten oder mit kleinen Rollen. Ich hatte einmal im »Don Carlos« den einen Satz zu sprechen: »Das

frage sie nicht eher als nach dem Ausgang meiner ersten Schlacht.« Immerhin, das war sehr viel wert; denn man bekam acht Reichsmark dafür. Und das war, weiß Gott, nicht unwichtig.

Können Sie etwas über die politische Situation in der Schule sagen?
Ich weiß, daß ich maßlos gelitten habe unter den Depressionen, die Jessner selbst hatte – diese drohende Wolke. Ich kann mich sehr gut an ein Erlebnis erinnern, als Jessner zum Unterricht kam, es muß wohl nicht so interessant gewesen sein, was der betreffende Schauspielkollege da vom Stapel ließ, auf jeden Fall zog Jessner nach einer Weile die »BZ« aus der Tasche und fing an zu lesen, und wir hatten alle schon gesehen, daß dort ein furchtbarer Hetzartikel gegen Jessner drin stand. Wir waren alle glühende Verehrer von Jessner, mit einigen Ausnahmen, auch unter dem Lehrerkollegium. Da machte sich schon eine Tendenz bemerkbar, daß gemunkelt wurde, wer ein Nazi war. Jessner wurde ja dann schon nach einem Jahr am Staatstheater abgesetzt und war nur noch Lehrer an der Hochschule.

Die Staatliche Schauspielschule wurde 1931 offiziell geschlossen, wurde aber dann von der Genossenschaft Deutscher Bühnenangehöriger und dem Deutschen Bühnenverein zunächst fortgeführt. Hatten Sie in dieser Zeit noch Unterricht?
Ich habe dort noch einmal einer Unterrichtsstunde von Jessner beigewohnt. Das war irgendwo in Charlottenburg, im Gebäude der Genossenschaft fand auch der Unterricht statt. Jessner war ein alter Sozialdemokrat und hat uns mit Pauken und Trompeten in die Genossenschaft getrieben.

Hatten Sie denn später noch Kontakt mit ihm?
Ich bekam von Jessner noch einen Brief aus England, wohin er zunächst emigriert war. Das heißt, er ging von Berlin zunächst nach Palästina, hat dort inszeniert und ist dann nach England und von dort nach Amerika gegangen, hat aber, glaube ich, nichts mehr inszeniert, sondern sich mühsam über Wasser gehalten.

Boleslaw Barlog mit Ernst Deutsch, 1968

Bernhard Specht
»Was dieser heute baut ...«
Erinnerungen eines Regieassistenten

Ich war 15 Jahre alt und lebte in meiner Heimatstadt Ludwigshafen, als am 23. November 1943 das Schiller-Theater durch Bomben fast völlig zerstört wurde. Wie man mir erzählte, ließ der damalige Intendant Heinrich George dennoch weiterspielen, nahezu bis der völlige Zusammenbruch erfolgte, auch um die Bühnenmitglieder vor dem Fronteinsatz zu schützen. Im September 1944 wurden dann sämtliche Theater geschlossen. Das Ensemble kam in Rüstungsbetriebe oder an die Front.

Das Kriegsende hatte die Theaterarbeit jäh unterbrochen. Doch bereits im Oktober 1945 wurde im Schloßpark-Theater und ab 1951 im Schiller-Theater wieder gespielt. Das Schiller-Theater war auf den noch vorhandenen Fundamenten in ganz veränderter Form wiederaufgebaut worden. Ein für die damalige Zeit luxuriöser Aufbau, der gar nicht so teuer gewesen sein soll: gepolsterte Sessel, großer Reihenabstand – Kosten etwa vier Millionen Deutsche Mark. Die Fassade fiel durch das große, geschliffene Glasfenster auf. Man wollte dem Publikum die Sicht auf die Trümmerlandschaft vis-a-vis ersparen.
Ich kam 1956, nach dem Studium der Theaterwissenschaft, an das Renaissance-Theater. Prof. Raeck hatte mich auf Empfehlung von Prof. Hans Knudsen engagiert. Am Renaissance-Theater lernte ich Maximilian Gross kennen, der zuvor am Schiller-Theater gearbeitet hatte. Gross erzählte mir, daß Heinrich George zu der Zeit, als das Renaissance-Theater noch zum Schiller-Theater gehörte, die Idee hatte, den Zuschauerraum des Renaissance-Theaters dunkel zu streichen. Diese Idee ist allerdings nicht verwirklicht worden, die Intarsien blieben unberührt. Im Schiller-Theater ist der

helle Zuschauerraum erst 1981 dunkel gestrichen worden. Aus Beleuchtungsgründen.
Ich arbeitete einige Jahre am Renaissance-Theater bei Prof. Raeck, der damals viele Tourneen organisierte, und lernte Leonard Steckel kennen, der »Sie trafen sich wieder« mit Hardy Krüger, Peer Schmidt und Klaus Biederstedt vorbereitete. Steckel übernahm 1959 für ein Jahr die Volksbühne. Und ich ging mit ihm.
1963 wurde ich Regieassistent bei Boleslaw Barlog am Schiller- und Schloßparktheater. Ich assistierte Hans Lietzau, Willi Schmidt, Hans Schweikart, Ernst Schröder, Konrad Swinarski, Hans Hollmann, Fritz Kortner und anderen. Barlog legte besonderen Wert auf die Schauspieler selbst, auf die Wirkung, die vom Schauspieler ausgeht. Er wollte Schauspielkunst, Menschendarstellung und hat vor allem das Ensemble sehr gepflegt.

Die Dramaturgin Rosemarie Koch regte Barlog 1953 zur ersten Beckett-Inszenierung an. Als er »Warten auf Godot« gelesen hatte, soll er gesagt haben: »Rosemarie, das ist das Letzte, aber ich mach's!« Und es wurde gemacht.
Albert Bessler, ein Name, der in seiner Bedeutung für das Schiller-Theater leider immer wieder untergeht, hat sich mit Barlog sehr gut ergänzt. Sie zogen am gleichen Strang: das Publikum über die Schauspielkunst erreichen!
Barlog war ohnehin bereit, viel zu wagen. Ähnlich wie Piscator, der auch bei ihm inszenierte, war es ihm um die Menschen, das buntgemischte Volk, zu tun, jedoch nicht um eine festgelegte politische Richtung. Er wollte nicht einseitig werden, nicht dogmatisch.

Ein Riesenerfolg war die Uraufführung »Die Verfolgung und Ermordung Jean Paul Marats dargestellt durch die Schauspieltruppe des Hospizes zu Charenton unter Anleitung des Herrn de Sade« von Peter Weiss. Es gab 125 Aufführungen. Erst spielte Peter Mosbacher die Rolle des Marat, später Bernhard Minetti. Diese Umbesetzung habe ich vorgenommen. Das Stück hat für viel Aufsehen

gesorgt. So war es zu dieser Zeit noch ungewöhnlich, nackte Menschen auf der Bühne zu zeigen. Einer der Darsteller stand vollkommen nackt mit dem Rücken zum Publikum, und ich erinnere mich, daß Barlog dazu feststellte: »Oh, ein nackter Hintern, mitten ins Parkett – endlich mal ein neues Gesicht auf der Bühne.«
Ein weiterer Höhepunkt war »Faust II«, von Ernst Schröder inszeniert. Dramaturgie: Hans Mayer; Bühnenbild: Bernhard Heiliger; Kostüme: Alexander Camaro. Ebenso erfolgreich war in den späten sechziger Jahren »Die Trauung« von Witold Gombrowicz, mit Helmut Griem, Ernst Schröder und Hans-Dieter Zeidler. Gute Erinnerungen habe ich auch an »Yvonne« und »Operette« von Gombrowicz. Und auch in den siebziger Jahren gab es wichtige Inszenierungen von Hans Lietzau, Harald Clemen und Dieter Dorn. Es war die Zeit der Bühnenbilder von Minks. Aber es war gleichfalls die Zeit, in der die Schauspieler eine andere Rolle zugewiesen bekamen. Früher standen die Schauspieler im Mittelpunkt der Arbeit. Sie fühlten sich abgesichert. Bei Barlog konnte man bleiben, solange man wollte. Dafür waren die Gagen geringer. Geringer als z.B. in Westdeutschland. Aber es war natürlich eine Ehre, am Schiller-Theater beschäftigt zu sein. Heute ist es ein Job.

Das Regietheater (Gordon Craig) drängte die einzelschauspielerische Leistung zurück. Wenig Schauspieler mit Aura sind übrig geblieben. Am Schiller-Theater sind es heute: Erich Schellow, Liselotte Rau, Jürgen Thorman, Anneliese Römer, Dagmar von Thomas und vielleicht auch Sabine Sinjen; sie fiel auf bei Barlog in »Frühlingserwachen« und bei Willi Schmidt in »Undine«, zusammen mit Helmut Griem. Und auch bei Martin Held und Carl Raddatz ist erkennbar, was ich meine. Das sind Darsteller, die Menschen spielen und nicht nur ihre Rollen im Sinn haben. Und wenn sie darüber hinausgehen, dann ahnt das Publikum die »Überschreitung«.
Die Erfindung des elektrischen Lichts und der Bühnenbeleuchtung hat den Naturalismus begünstigt. Durch Licht werden andere

Anforderungen an die Schauspieler gestellt. Die Regungen eines Menschen, sein Gesichtsausdruck werden hervorgehoben. »Was nützen die schönsten Tränen, wenn man sie nicht sieht«, sagte einmal Käthe Dorsch zu mir. Und denke ich an die grandiose Inszenierung »Der zerbrochene Krug« von Hans Lietzau, 1980 im Schloßpark-Theater, dann wird deutlich, was die Darstellung des Menschlichen bezweckt: sie verhindert die Abstraktion.

Szenenfoto aus Ernst Schröders Inszenierung
des Gombrowicz-Stücks »Die Trauung«, 1968 im Schiller-Theater
(Ralph Schermuly und Herbert Grünbaum)

Walter Franck in »Das letzte Band« von Samuel Beckett

Michael Haerdter
Nicht Philosophie, vielleicht Poesie. Szeniker Beckett

Freitag, 18. August 1967. Im Hof des Schiller-Theaters haben sich die Schauspieler versammelt. Der kleine, bewegliche Werner Stock hat Zuhörerschaft gefunden, erzählt von seinen Ferien. Er war der Nagg schon vor zehn Jahren im Schloßparktheater, bei der deutschen Erstaufführung des »Endspiels«. Gudrun Genest, die jetzt seine Nell sein wird, verschließt sich in höflicher Abwesenheit. Wortkarg und unruhig ist Horst Bollmann, der die Rolle des Clov übernommen hat. Ernst Schröder wird den Hamm spielen; auch ihn hat die Nervosität der Wartenden angesteckt. Beckett ist gekommen, fast unbemerkt.

Zur Leseprobe sind zwei Tische auf dem flachen Podium, das eine Schmalseite des schmucklosen Werkstattsaals einnimmt, nebeneinandergerückt. Trübes Probenlicht. Bücher werden raschelnd geöffnet, Bleistifte gespitzt. Aus einer schmalen schwarzen Mappe holt Beckett seinen Text hervor. Er hat ihn in Paris überarbeitet, sagt er, gemeinsam mit seinem Übersetzer Tophoven, und eine verbesserte deutsche Fassung mitgebracht. Beckett blickt vor sich hin oder auf das geschlossene Buch, während er spricht. Seine helle, nervöse Stimme artikuliert ein fast pedantisch richtiges Deutsch im sprunghaften, zögernden Rhythmus dessen, der die Worte suchen muß. Aber er findet sie fast immer.

Beckett läßt Textveränderungen notieren. Ein Prinzip wird erkennbar: Vereinfachung im Satzbau, Herstellung von Gleichklängen. Zum ersten Mal ist das unübersetzbare Wortspiel *coite – coïte* im Deutschen nachgeahmt, nicht eben glücklich mit *kuscht – kuschelt*, aber so ist immerhin diese burleske Szene des »Endspiels«, die

Flohszene, vollständig ins Deutsche gebracht. Aus den »Pillen« der Erstfassung, die Hamm immer wieder einzunehmen begehrt, ist das konkrete und akkuratere »Beruhigungsmittel« geworden, das im Beckettschen Universum eine wichtige Rolle spielt. Der Dialog von Hamm und Clov (Beckett sagt Clóv, mit langem, geschlossenen *o*) um den »Knaben« draußen vor dem Haus, ein Rätsel für Exegeten, ist gestrichen. Ebenso alle aufs Publikum Bezug nehmenden Repliken (»eine begeisterte Menge« u.a.): die Aktion soll sich ganz auf die Bewohner des »Unterschlupfs« konzentrieren. Man stutzt, als Beckett dies mit einem Prinzip des naturalistischen Theaters erläutert – »das Stück ist so zu spielen, als gäbe es eine vierte Wand anstelle der Rampe«.

Um Becketts spöttische, puritanisch schmale Lippen spielt ein Lächeln der Verlegenheit. Er neigt beim Sprechen den Kopf ein wenig zur Seite. »Ich will nicht über mein Stück reden, man muß es rein dramatisch nehmen, auf der Bühne feststellen. Es handelt sich darin nicht um Philosophie«, sagt er mit Nachdruck und setzt hinzu, »vielleicht um Poesie.« Dann schließt er mit überraschender Endgültigkeit, die jedem Einwand zuvorkommt: »Das Stück interessiert hier ausschließlich als Spielvorlage.«

Als Regisseur praktiziert Beckett die Fortsetzung seiner Literatur mit anderen Mitteln: mit verwandten, aber subtileren Mitteln. Es wäre demnach nützlich, einen »synthetischen Namen« für Beckett einzuführen, der den Schriftsteller und Regisseur in eins faßt. Ich schlage vor: »Szeniker« Beckett.

Das ist gewiß keine überflüssige Pedanterie. Denn es gilt hier der Gefahr eines neuerlichen Widerspruchs vorzubeugen. Beckett ist einerseits als Theatermann par excellence definiert, andererseits ist ohne weiteres deutlich, daß er alles eher ist als das, was man gemeinhin unter einem Theatermann versteht. Wenige Tage vor der Premiere seiner »Endspiel«-Inszenierung in Berlin soll Beckett in einem Gespräch mit Myra Avrech gesagt haben, er habe diese

Regiearbeit übernommen, um sich zu beweisen, daß er auch das könne ...

Es klingt authentisch, bedarf aber der Ergänzung: Den glücklichen Gedanken, ihn zur Arbeit am eigenen Stück aufzufordern, hat Beckett damit belohnt, daß er seine Vorgänger darin in den Schatten gestellt hat (das trifft auch für seine nachfolgenden Inszenierungen zu). Es muß hervorgehoben werden: in der Arbeit am eigenen Stück. Nicht deshalb, weil er der bessere Regisseur wäre, vielmehr deshalb, weil die Leistung des »Szenikers« Beckett sich auf einer qualitativ anderen Ebene vollzieht als die eines Regisseurs. Statt sich ihrer nur zu bedienen, macht Beckett sich die Szene und ihre Elemente *zu eigen* und definiert sie damit im Sinne seiner räumlichen Poesie in neuer Weise.

Wo der Regisseur bei der szenischen Umsetzung seines Textes jene objektive historisch-soziale Ordnung im Auge behält, stellt Szeniker Beckett eine Ordnung sui generis her. Sie hat viel mit jener gemeinsam, die Clov liebt: »eine Welt, in der alles still und starr wäre und jedes Ding seinen letzten Platz hätte, unterm letzten Staub«. Mit *Ordnungmachen* ist Becketts minuziöse Regiearbeit vielleicht respektlos, aber zutreffend gekennzeichnet. Die Stichworte sind bekannt: Reduktion, Vereinfachung, äußerste Ökonomie der schauspielerischen Mittel und des Ausdrucks; Herstellen von Symmetrien, Gleichklängen, »Echos«; Systematik, Klarheit, Stille; musikalische Regie. Wo ein Regisseur über Spannungskurven, Steigerungen, Höhepunkte Handlung als Bewegungsablauf arrangiert, geht es Szeniker Beckett darum, im empfindlichen Gleichgewicht aller szenischen Elemente einen Zustand größtmöglicher Ruhe und Konzentration zu erzeugen. Dabei ist es seine schwierigste Aufgabe, einerseits die vitale Intensität seiner Schauspieler zu steigern, sie andererseits in das subtile Zeichensystem seiner Stücke exakt einzufügen: sie selbst in konkrete, präzise funktionierende Zeichen zu verwandeln.

Die Unterbrechung dieser Regel mathematischer Genauigkeit, um nicht zu sagen Pedanterie, scheint in Becketts Humor zu liegen. Aber die Beobachtung lehrt, daß die durchschlagende Komik etwa des »Endspiels« nichts mit dialogischem Witz zu tun hat. Sie ist Resultat eben jener Pedanterie und geht, wie Hugh Kenner in seiner »Kritischen Studie« (1965) festgestellt hat, »der Handlung voran und ist ursprünglicher als die Sprache«.

Das Publikum interessiert Beckett offenbar nicht. Obwohl er sich aller konventionellen Mittel der Bühne bedient, tut er so, als gebe es den Zuschauerraum nicht. Er reduziert (oder potenziert) die Bühne zur Spielinsel in einer Art von Niemandsland. Im »Endspiel« läßt er, trotz der herkömmlichen Frontalstellung, so spielen, als ob das Haus an der Rampe aufhörte. Aber statt naturalistischer Illusion soll diese *vierte Wand* den Eindruck eines in sich geschlossenen Systems erzeugen und verstärken: alle Elemente des Spiels beziehen sich aufeinander und nicht auf einen Partner außerhalb des Spiels. Deshalb erlaubt Beckett seinen Darstellern nur unwillig geringfügige publikumswirksame Gags und widersetzt sich einer Applausordnung. Er versteht als notwendiges, aber nach Möglichkeit einzuschränkendes Übel, daß Schauspieler nun einmal auf Publikum angewiesen sind.
Becketts Regie hat diese anspruchsvolle Bescheidenheit, »bloßes Spiel« einzurichten. Freilich gleicht er auf der Bühne einem Mechaniker, der ein subtiles Spielwerk in Gang setzt, in dem nur er sich wirklich auskennt. Daß er gerade im Verzicht auf Bühneneffekte stärkste szenische Wirkung erzielt, kann man nur das Geheimnis seiner Form nennen. Ihre Geschlossenheit, Hermetik schlägt gleichsam in Offenheit um.

Becketts Bühnenstücke transzendieren das Theater je vollkommener er in ihnen den »unmittelbaren Ausdruck« verwirklicht. Die Emotion zum Schrittmacher der Erkenntnis, Sinneswahrnehmung zu einem Modus des Denkens zu machen, ist eine ideale Forderung

A

~~Foley~~ war es ~~Foley's~~ Tuskulum ein Turmstumpf immer noch da alles andere Trümmer und Nesseln wo schliefst du kein Freund kein einziges Heim mehr war es die Absteige am Strand wo du nein sie war bei dir damals immer noch bei dir damals nur die eine Nacht jedenfalls runter vom Fährschiff eines Morgens und wieder rauf am nächsten um zu sehen ob die Ruine noch da war wo nie jemand hinkam wo du dich verstecktest als Kind heimlich weg wenn niemand hinguckte um dich da zu verstecken den ganzen Tag auf einem Stein inmitten der Nesseln mit deinem Bilderbuch

B

oder am Fenster im Dunkeln auf die Eule horchend nicht der geringste Gedanke in deinem Kopf bis schwer zu glauben immer schwerer zu glauben daß du je einem sagtest du liebtest ihn oder einer dir bis nur eines von diesen Dingen die du immerzu erfandest um die Leere abzuwehren nur eine andere von den alten Geschichten um die Leere nicht hereinströmen zu lassen über dir das Grabtuch

Stille 10". Hörbares Atmen. Nach 3" Augen ~~geöffnet~~.

an das Theater, das seine Bedürfnisse und Möglichkeiten überschreitet. So sehr sich Beckett in seiner Regiearbeit der immateriellen Wirkungsweise der Musik bedient, in ihrer konkreten Stofflichkeit sind seine Stücke der bildenden Kunst näher verwandt. Es fällt nicht schwer, dem Werk des Szenikers das Bild von der Arbeit des Plastikers unterzulegen: die Herstellung einer in sich ruhenden, statischen Form von gebändigter Dynamik. Das Prinzip dieser *Technik* läßt sich in »Watt« nachlesen, der ein Ereignis in seinem Kopf so lange wiederholt, bis es »eine rein plastische Form gewonnen und im eleganten Ablauf seines Lichts, seines Klangs, seiner Schläge und seines Rhythmus nach und nach jede Bedeutung verloren hat, auch die buchstäblichste«. Beckett hat, um im Bild zu bleiben, die bildnerische *Revolution von 1910* auf der Bühne vollendet: statt Abbilder formt er Gebilde, die unmittelbare Sinnträger sind, Sinn-Bilder.

Die nebenstehenden Textseiten verdeutlichen, mit welcher Detailgenauigkeit Beckett Textänderungen vorgenommen hat. Die von Beckett während der Proben 1976 in der Schiller-Theater-Werkstatt eigenhändig korrigierten Auszüge sind dem Textbuch von »Damals« (Übersetzung: Elmar Tophoven; 1976 erschienen bei Suhrkamp), entnommen. Das Buch befindet sich im Privatbesitz von Frau Rosemarie Koch-Goertz.

»Die heilige Johanna« von G. B. Shaw. Agathe Winkler, Willy Lindberg, Michael Kapler, Hans H. Friedrich, Christian Carken

Gisela Göntgen

Die Vaganten Bühne

Fast ein ganzes Jahr sollen sich die Theaterleute anfänglich Gedanken über ihren Namen gemacht haben, bis ein evangelischer Theologieprofessor die Umherziehenden schließlich auf die einzig treffende Bezeichnung verwies, die für eines der ältesten Privattheater in Berlin Bedeutung gewonnen hat. Die kleine Vaganten Bühne konnte sich mit lebendigen und zeitnahen Inszenierungen seit nunmehr vier Jahrzehnten unmittelbar neben den Großtheatern behaupten.

»Vagari necesse est« überschrieb Horst Behrend 1961 einen Artikel über die Vaganten Bühne in Berlin. So zogen sie in den ersten Nachkriegsjahren von Ort zu Ort, durch Schulen, Kirchen, Gefängnisse und Krankenhäuser, und zeigten gemäß ihrem selbstgewählten Auftrag Werke christlicher Dramatik. Ziel der beiden Theatergründer Horst Behrend und Günter Rutenborn war es, wie sie sagten, die christliche Botschaft auf bildhafte, einprägsame Weise zu vermitteln.

Die Theaterarbeit begann am 9. Februar 1949 mit der Inszenierung »Die Auferstehung« von Günter Rutenborn. Nach Berichten von Horst Behrend war diese erste Zeit mühsam und strapaziös; es fehlte überall an Material für Bühnenbilder und Kostüme – und es war äußerst anstrengend, ständig auf Tournee zu gehen:
»Galt es in den ersten sieben Jahren – den sogenannten mageren Jahren! – die im weiten Raum um Berlin liegenden Orte zu bereisen, von der Ostseeinsel Rügen quer durch Pommern, Brandenburg über Sachsen-Anhalt, Thüringen, Sachsen bis hinunter nach Schlesien oder an die polnische Grenze, galt es zunächst, als man als

Westberliner noch nach dorthin reisen durfte, den Stadt- und Kirchengemeinden vornehmlich im mitteldeutschen Raum und in Ost- und Westberlin die überall *modern* gewordene christliche Dramatik als eine betont christlich ausgerichtete Berufsbühne zu zeigen, so wurden nach dem ersten Seßhaftwerden der Vaganten im Berliner Kellertheater im Delphi-Haus am Bahnhof Zoo (100 Plätze) durch die immer geringer werdende Substanz sogenannter christlicher Schauspiele bewußt anders ausgerichtete Stücke aufgenommen.« (H. Behrend, Vagari necesse est. In: Kulturarbeit. Stuttgart, Köln I/1963)
Seßhaft wurden die Vaganten im Jahr 1956, und sie begannen in den Folgejahren, ihren Spielplan inhaltlich zu erweitern. Zu den christlichen Themen kamen weltliche Stücke moderner wie klassischer Autoren: das (Nach-)Kriegsstück »Draußen vor der Tür« von Wolfgang Borchert; Inszenierungen absurden Theaters wie »Die kahle Sängerin« von Eugène Ionesco oder Einakter des Franzosen Jean Tardieu. Werke zeitgenössischer Autoren wie Tennessee Williams, Jean Genet, Jean-Paul Sartre, Alfred Andersch und Jean Cocteau bereicherten neben Klassikern (Goethes »Urfaust«, G.E. Lessings »Die Juden«) und modernen Klassikern (»Die heilige Johanna« von G.B. Shaw) den Spielplan.
Das Umherziehen allerdings hatten die Vaganten noch nicht aufgegeben. Zusätzlich zu den Auftritten am festen Spielort in der Kantstraße wurde weiterhin auf dem Land »getingelt« – nachdem Mitteldeutschland, die DDR, verschlossen war, in Westdeutschland und sogar im Ausland; zwei Tourneen nach England und Schweden, Anfang der sechziger Jahre, waren recht erfolgreich. Von dort kamen in den sechziger Jahren Stücke wie »Die große Landstraße« von August Strindberg oder »Mooneys Wohnwagen« von Terson, die den »Zeitgeist der Jungen« – viele Zuschauer waren ja Schüler und Studenten – trafen.

Eine Neuerung in den siebziger Jahren war die Spielform der Arenabühne, die die Zuschauer um die Spielfläche verteilt. Die

Enge und Intimität des Kellertheaters, das teilweise Einbeziehen des Publikums und auch der Spielwitz des Ensembles machten den Charme dieses kleinen Hauses aus.

1979 starb Horst Behrend, und seine beiden Söhne Rainer und Jens-Peter übernahmen die Leitung des Theaters. Mit einem jungen und engagierten Team wurde ein neues Spielplankonzept verwirklicht:
– anspruchsvolle Stücke und Komödien und literarisch-musikalische Revuen von Autoren wie Voltaire, Kästner, Tucholsky, Klabund, Mühsam, Hein;
– literarische Adaptionen sowie moderne Dramatik. Hier sind zu nennen Oskar Panizzas satirische »Dialoge über die Deutschen«, Textcollagen von Else Lasker-Schüler und Gottfried Benn, Heinrich Manns uraufgeführtes Fragment »Die traurige Geschichte von Friedrich dem Großen« oder auch Christa Wolfs für die Bühne bearbeitetes »Kein Ort. Nirgends«. Als zeitgenössische Dramatiker sind Handke, Frisch, Beckett, Koltès, Mrozek, Widmer und Shepard vertreten;
– das politische Theater, mit ambitionierten Inszenierungen wie: »Master Harold und die Boys« von Athol Fugard, in dem die Probleme zwischen Schwarzen und Weißen behandelt werden; Emigrantenschicksale zeigte »Mit der Faust ins offene Messer« von dem brasilianischen Autor und Leiter des »Theaters der Unterdrückten«, Augusto Boal; mit dem quälenden Aufenthalt von vier Frauen in den Militärgefängnissen einer südamerikanischen Junta befaßte sich das Stück »Diese ganze lange Nacht« von Jorge Diaz; das Problem des Realitätsverlustes in einer kleinbürgerlichen europäischen Familie mit ihren Ehe- und Berufsschwierigkeiten wurde in »Mensch Meier« von Franz X. Kroetz auf die Bühne gebracht.

1985 wurden die baufälligen Räume für sieben Monate geschlossen. Die längst fällige Sanierung hat die Stiftung Deutsche Klassenlotterie finanziert.

Veränderungen im Eingangsbereich, Modernisierung der Technik und die partielle Vergrößerung des Zuschauerraumes haben mehr Großzügigkeit und Komfort für Publikum und Mitarbeiter geschaffen.
Besonderes Anliegen der Vaganten Bühne ist die Förderung künstlerischen Nachwuchses auch durch die Aufführung von selten gespielten Werken, deren Produktion selbstverständlich immer mit einem gewissen Risiko verbunden ist. Dabei ist die finanzielle Ausstattung der staatlich geförderten Vaganten Bühne relativ bescheiden. Dennoch gelingt es durch geschickte Haushaltsführung, jährlich drei bis vier Neuinszenierungen zu präsentieren. Hier helfen Phantasie und Erfindungsreichtum, das schmale Budget auszugleichen. Keine Ausstattungsstücke, sondern ebenso unterhaltende wie ideenreiche Aufführungen sollen den oftmals unbequemen, rebellischen und skeptischen Geist der Gegenwart und Vergangenheit vermitteln.

Walter Mehring
Zeichnung von Paul Citroen

Victor de Kowa

Klaus Sonnenschein, Ingrid Keller, Rainer Behrend
Die Tribüne

Die Geschichte der Tribüne läßt sich bis in die Zeit nach dem ersten Weltkrieg zurückverfolgen. Vor 70 Jahren, 1919, wurde das 300-Plätze-Theater in der Nähe des damaligen »Charlottenburger Knies« (heute Ernst-Reuter-Platz) mit Ernst Tollers expressionistischem Stück »Die Wandlung«, in der Hauptrolle Fritz Kortner, eröffnet. Nach einigen wechselnden Direktionen während des zweiten Weltkriegs übernahm 1945 Viktor de Kowa die Tribüne, und ab 1950 leitete Frank Lothar das Theater. 1972, nach künstlerischen und somit auch finanziellen Schwierigkeiten, übernahmen Horst A. Hass, Hugo Affolter und Klaus Sonnenschein die Leitung, nach dem Tod von Horst A. Hass dann bis 1978 Klaus Sonnenschein und Hugo Affolter und seit Juli 1978 Klaus Sonnenschein, Ingrid Keller und Rainer Behrend.

Anfang 1972 mußte, nach den zweiundzwanzig Frank-Lothar-Jahren, ein neues Konzept für den Spielplan erarbeitet werden. Die zum Teil gut subventionierten Berliner Theater boten vom unterhaltenden Boulevard- und Volkstheater bis zu den zeitgenössischen und klassischen Dichtungen fast alles. Da wir ein Ensemble zusammenstellen konnten, dessen Schauspieler eine Gesangs-Ausbildung mitbrachten und einige dazu noch Instrumente beherrschten, konnten wir unsere Idee vom *kleinen musikalischen Schauspiel* verwirklichen.
Aber zunächst hatten wir viel zuwenig Geld, und der Senat war sehr sparsam – so mußten wir uns vorerst behelfen. Wir, Ensemble und Leitung, bauten auf, um und ab, reinigten den Zuschauerraum, schrubbten die Toiletten, zwischen den Tanz-, Stück- und Gesangsproben für die erste Inszenierung.

Wir hatten – trotz allem – einen guten Start. Unsere Konzeption vom kleinen Musiktheater bewährte sich schon beim ersten Musical. »Wonderful Chicago« von Heinz Wunderlich wurde unser erster großer Presse- und Publikumserfolg.
Jetzt gingen wir daran, zusätzlich zum *normalen* Spielplan ein Kontrastprogramm mit anspruchsvollen literarischen Stoffen und für Kinder Stücke *ohne pädagogischen Zeigefinger* zu entwickeln. Gleichzeitig brachten wir die erste unserer kabarettistisch-literarischen Revuen heraus: »Revolution-Rrreaktion« mit Liedern und Texten von Adolf Glassbrenner. Ein Stück Zeitgeschichte von 1848.
1976 stellten wir eine »Kaiser-Wilhelm-Revue« zusammen, ein Spektakel über Deutschlands letzten Kaiser. Auch hier, wie zu den anderen Revuen, komponierte Jürgen Knieper die Musik. Es folgte die Western-Parodie von Heinz Wunderlich »Prairie-Saloon« mit 203 Vorstellungen.
Anläßlich der Festwochen 1977 gruben wir die Spottlieder und Gassenhauer des Berliner Dichters Walter Mehring aus: »Walter Mehrings Lumpenbrevier«. Zu dieser Revue mit seinen Songs aus der Weimarer Republik besuchte uns der damals schwerkrank in Zürich lebende Dichter. – Die Produktion wurde im Fernsehen übertragen. Und auch die musikalische Erzählung »Die verbrannten Dichter« (Szenen, Lieder und Gedichte aus dem Exil 1933-1945) wurde vom Sender Freies Berlin aufgezeichnet. Wir sind mit dieser Auftragsproduktion der »Berliner Festwochen« von mehreren Städten der Bundesrepublik und des Auslands eingeladen worden.
Es folgten – in loser Reihenfolge – Inszenierungen wie: »Der Kaufmann von Berlin« von Walter Mehring, »Es herrscht wieder Frieden im Land«, »Immer 'n bißken zurück zu des alte Untertanenjlück«, eine Revue über das Jahr 1848, und zur 750-Jahr-Feier 1987 das musikalische Singspiel »Das große Finale«.
Nach dem »Eingebildeten Kranken« von Molière, ein zur Zeit (1991/92) sehr gut besuchtes Stück, ist »Die Kleinbürgerhochzeit«

von Bertolt Brecht geplant, und auch künftig bleiben wir dem Konzept des kleinen musikalischen Schauspiels treu; vorgesehen ist die Revue »Unsere Republik« von Uwe Jens Jensen, ein Singspiel über die Bundesrepublik von 1945 bis zum Fall der Mauer 1989.

Auf diese Weise, hoffen wir, kann die Tribüne – inzwischen etwas besser, aber längst nicht ausreichend subventioniert – ihren guten, schwererkämpften Platz innerhalb der Berliner Theaterlandschaft halten, trotz Rückgang der Besucherzahlen infolge der Wende. Denn nicht selten stellte sich heraus: Theater wird gut, wenn es gegen Krisen anspielen muß.

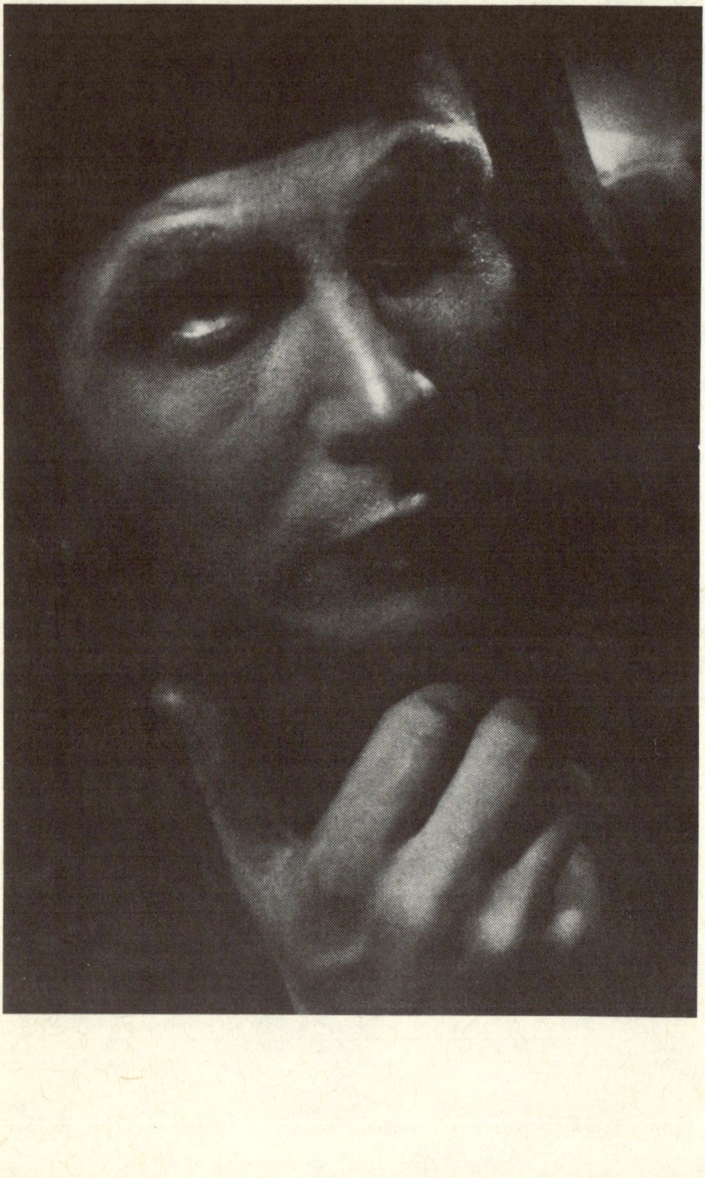

Ernst Schröder in »König Heinrich IV.« von William Shakespeare

Ernst Schröder
»Tote ohne Begräbnis«. Sartre in der Tribüne

»Tote ohne Begräbnis« – das ist sehr lange her. Theater war und ist für mich immer existentialistisch. Damals war Theater eine Überlebensfrage für alle, die daran teilhatten. Unser Leben war zur *Makulatur* geworden, weshalb ich dann auch die Bühne ausräumte bis auf die Brandmauern und diese mit alten Zeitungen beklebte; das war ebenso symbolisch wie billig. Stunde Null. Ich war vorher als Schauspieler durch das *existentialistische* Wechselbad in der Rolle des Caligula von Camus gegangen an meinem eigenen kleinen Rheingautheater und fühlte mich *nackt* genug nun für Sartre ... Je nun, ein guter Koch rührt ungern in dem Brei von gestern. Der Vergleich stimmt in einem nicht: Brei war damals das Köstlichste; denn wir waren mehr als hungrig.

Curt Bois in »Don Juan« von Moliére

Nils Haupt

Shakespeare-Sterne tanzten über dem Schiller-Theater

Fritz Kortners Theaterarbeiten in Charlottenburg

Als der Schauspieler Fritz Kortner 1947 – nach über 14 Jahren Exil – zurückkehrte, empfand er die deutsche Theaterlandschaft als »erbarmungswürdig provinziell«. Er, der wie kein anderer das Berliner Bühnenleben der zwanziger Jahre geprägt und als Jude 1933 das Land unter bedrohlichsten Umständen verlassen hatte, mußte nun erleben, wie die einstige Theatermetropole auch künstlerisch durch den Nationalsozialismus zerstört worden war.

Erst 1950, die Bundesrepublik Deutschland war gerade aus der Taufe gehoben worden, konnte Kortner wieder am Theater arbeiten. Doch nur noch selten war er jetzt als Schauspieler auf der Bühne zu sehen: in Berlin als Willy Loman in Millers »Der Tod des Handlungsreisenden« (1950), als Rittmeister in Strindbergs »Der Vater« (1950) und als Philipp II. in Schillers »Don Carlos«. Vielmehr konzentrierte er sich auf die Regiearbeit.

Eine seiner ersten Inszenierungen im Nachkriegs-Berlin war »Don Carlos« im Hebbel-Theater. Die Premiere am 4. Dezember 1950 wurde zum Eklat. Immer wieder wurde die Vorstellung durch Zwischenrufe und Pfiffe unterbrochen. Als im 5. Akt die Garde des Herzogs Gewehrsalve um Gewehrsalve in Richtung Publikum feuerte, hatte Berlin den ersten Theaterskandal der jungen Republik. »Kortner kontra Schiller«, »Das hat Schiller nicht verdient!« oder »Der verzerrte Don Carlos« lauteten die Schlagzeilen der Presse. Kortner fühlte sich den Protesten und Drohbriefen, die zum Teil in unsäglichen antisemitischen Schmähungen gipfelten, nicht gewachsen. Nach nur zwei Vorstellungen legte er die Rolle des König Philipp nieder und reiste ab. Auch seiner nächsten Arbeit am Schiller-Theater, der Inszenierung von O'Caseys »Preispokal« war wenig Erfolg beschieden: Die Premiere fand ausgerechnet wenige

Tage nach dem Ost-Berliner Aufstand am 17. Juni 1953 statt und das Stück wurde vom Publikum wegen seiner pazifistischen Grundtendenz vehement abgelehnt. Kortner verließ daraufhin Berlin und kehrte erst 1957 zur Inszenierung des »Hamlet« an das Schiller-Theater zurück.

Mit Schauspielern wie Curt Bois, Martin Held, Klaus Kammer, Carl Raddatz, Erich Schellow oder Heidemarie Theobald gelangen Kortner am Schiller-Theater Aufführungen, die Theatergeschichte machten: z.B. »Don Juan« (1960), »Andorra« (1962), »Der eingebildete Kranke« 1965) oder »Maria Magdalena« (1966); insbesondere Kortners Shakespeare-Deutungen sorgten für Aufsehen – so hatte die 1962 am Schiller-Theater inszenierte Komödie »Was ihr wollt« mit Curt Bois in der Rolle des Malvolio einen triumphalen Erfolg. Heiterkeit und Melancholie, Rüpelei und Liebessehnsucht, Weisheit und Albernheit vermischten sich zu einem hinreißenden poetischen Zauberspiel, so daß der Kritiker Friedrich Luft jubelnd resümierte: »Shakespeare-Sterne tanzten über dem Schiller-Theater.«

Fritz Kortner hat mit seinen bis ins letzte Detail ausgefeilten Arbeiten oft die Grenzen der Belastbarkeit der Theater überschritten. Die Berichte über die stets mit seiner Arbeit verbundenen Probenkräche, über immer wieder verschobene Premierentermine, über manche Auseinandersetzungen mit Intendanten, die er als »total durchkorrumpiert« bezeichnete, Dramaturgen, die er als »unwichtig« empfand und Schauspielern, die »einen anderen Beruf schwänzten«, sind nicht selten.

»Das Theater muß wesentlicher werden«, lautete Kortners Forderung an das Regietheater – und an sich selbst. Unter wesentlichem Theater verstand er die Abkehr vom Klischee, vom puren Deklamationstheater, von der Konvention. Das genaue Hineinhören in den Dramentext, die Darstellung dessen, was nicht ohnehin für den Zuschauer offensichtlich war, und der bewußt gegliederte Gebrauch der Sprache, der Geste, der Bewegung waren essentielle Bestandteile des Kortnerschen Regieprinzips.

Als Fritz Kortner 1970 im Alter von 78 Jahren in einem Münchner Krankenhaus starb, schrieb Friedrich Luft in der Welt, das deutsche Theater sei »nicht mehr, was es war, solange er lebte. Eine Tradition ist dahin, und ein großer, liebevoller, streitbarer Autokrat der Bühne, ein wunderbarer unzeitgemäßer Perfektionist. Einer der letzten Eingeweihten ist abgetreten. Dieser Verlust ist unabschätzbar.«

Margo Lion und Marlene Dietrich
in der Revue »Es liegt in der Luft«

Hermann-Josef Fohsel

Theater in Charlottenburg oder Charlottenburger Theater. Eine Polemik

Gemessen an den vorhandenen Theatern und diversen, in Kneipen oder Hinterhöfen befindlichen Spielstätten und der Knete, die der Staat respective das Land Berlin jedes Jahr nach Charlottenburg pumpt, sollte man vermuten können, daß hier die abwechslungsreichste Theater-Landschaft der Stadt wenn nicht der ganzen Republik existiere. Was die Abwechslung anbelangt, reicht der Bogen vom gut situierten Opernhaus in der Bismarckstraße, der Deutschen Oper, bis zum Zaubertheater des Igor Jedlin in der Roscherstraße. Und was das Reichsein betrifft, so könnten, verschweigen wir vor Scham die Zahl, jedenfalls eine ganz schöne Menge der sogenannten alten Stadttheater in der Restrepublik auf Jahre hinaus sorgenfrei leben und munter arbeiten, bekämen sie das, was die drei Staatlichen Bühnen, die Charlottenburg beherbergt, das Schillertheater mit angeschlossener Werkstatt, das landeseigene Theater des Westens und die Deutsche Oper, alljährlich an offenen und versteckten Subventionen einstreichen.

So wie sich die Theaterlandschaft Charlottenburgs heute präsentiert, ist sie ein typisches Produkt des Kalten Kriegs, auch wenn es schon viele der Theater lange vorher gab, und ein Ausfluß der 68er Revolte, was das Entstehen der Off-Szene anbelangt. Nehmen wir nur einmal die drei Staatsbühnen: als sie entstanden, waren sie nicht mehr als Abschreibungsunternehmen im damals gerade prosperierenden Charlottenburg, ohne jeden künstlerischen Wert. Daran ändert auch nichts, daß unter der Ägide Max Hofpaurs (1898-1903) und seines Nachfolgers Aloys Prasch das Theater des Westens für kurze Zeit in fruchtbare Konkurrenz zur Hofoper trat oder daß das Deutsche Opernhaus in der Bismarckstraße in der kurzen Ära Bruno Walters (1925-1929) und Carl Eberts (1931-1933) Opernabende zustande brachte, von denen man heute an der gleichen Stelle nur träumen kann. Und das Schiller-Theater, diese mittelständische Antwort auf die Volksbühnen-Bewegung, war, ist und bleibt die quantité négligeable der Theaterlandschaft, die nur in ihren diversen Führungskrisen glaubhaftes Boulevard-Theater zu zeigen in der Lage ist.

Zurück zum Kalten Krieg. Dieser ermöglichte, daß das Schiller-Theater (fast konkurrenzlos, was etwas über die Konkurrenz aussagt, sieht man einmal von der Schaubühne ab) und die Deutsche Oper (konkurrenzlos) sich einem künstlerischen Dornröschenschlaf hingeben konnten. Aus diesem wurden sie brutal durch den Zusammenbruch der DDR gerissen. Auf einmal standen sie da und mußten sehen, daß sie nicht allein sind und, wie der Kaiser im Märchen, überdies noch nackt.

Statt nun positiv auf die Konkurrenz, die neue, zu reagieren, wurschtelt man weiter wie bisher und wundert sich, daß dies nicht honoriert wird, sondern sich lautstarke Kritik ausbreitet, die Änderung verlangt. Zudem scheint die Leitung der Deutschen Oper noch immer nicht kapiert zu haben, daß ein Opernhaus, das einen Spielplan besitzt, der aus Kloibers Handbuch der Opern entliehen ist (Ausnahmen bestätigen nur die vorgefaßte Meinung) und dessen Architektur eher einem überdimensionierten Kinopalast entspricht denn einem Opernhaus, sich selbst um seine Zukunft bringt.

Szenenwechsel: Damals war's, in der ehemaligen Berliner Straße (heute Otto-Suhr-Allee), daß ein Star geboren wurde, der als Schauspieler und Regisseur die Deutsche Theaterlandschaft maßgeblich prägen sollte: Fritz Kortner – und zwar in Karl Heinz Martins kleinem Theater Tribüne – in Ernst Tollers Stück »Die Wandlung«. Lang, lang ist's her. Heute ist die Tribüne, wie es Klaus Völker formulierte, das »Grips-Theater für Senioren«, das mit leicht zeitkritisch-volkstümlichem Unterhaltungstheater und literarpolitischen Revuen versucht, sich in der enger gewordenen Berliner Theaterlandschaft zu bewähren. Gleiches gilt für die Vagantenbühne in der Kantstraße, die spezialisiert ist auf politische Revuen, Tucholsky, Mühsam und Kästner sowie auf das Repertoire des Absurden Theaters. Die Vagantenbühne wäre entsprechend das Grips-Theater für eine links-liberale Mittelschicht.

Was nie jemand glaubte oder in absehbarer Zeit für möglich gehalten hat, ist jetzt eingetreten: auch die Wölffer Bühnen (Komödie und Theater am Kurfürstendamm, in den zwanziger Jahren zeitweise einmal zum Imperium Max Reinhardts gehörend) sind von der Wende überrascht worden. Die Zuschauer respective die vielen Berliner Touristen bleiben weg. Rettung naht aus Hamburg. Jürgen Wölffer will das Theater am Kurfürstendamm an den ungekrönten Musicalkönig Friedrich Kurz verpachten, und dieser plant auch schon flächendeckend, mit diesem Standbein die Berliner Szene auf Jahrhunderte, man ist da nicht kleinlich, mit Phantom-Cats im Starlight-Express zu versorgen. Wenn das aus der Finanzmisere herausführen sollte, dann wüßten wir noch andere Theater in Charlottenburg, größere und technisch besser ausgerüstete, die sich für solches geradezu anbieten würden (s.o.). Es wäre auch eine einmalige Chance für den Stadtbezirk: er würde erster Musicalbezirk Deutschlands. Was ist da schon Berlin. Alle Welt würde nur noch von Charlottenburg reden, und die Bezirksmütter respective -väter könnten endlich den alten Traum aus den neunziger Jahren des vergangenen Jahrhunderts wahr machen und Berlin nach Charlottenburg eingemeinden.

Was wären Theater ohne ihre Intendanten? Ein Nichts? Oder noch weniger? Wer weiß? Auf alle Fälle geben sie ihnen ein unverwechselbares Gepräge – auch dann noch, wenn sie gar nicht mehr an ihnen arbeiten. Wie das vor sich geht, kann man zur Zeit am kleinen Renaissance-Theater in der Knesebeckstraße erleben. Seine große Zeit erlebte das Theater in den zwanziger Jahren, als

Theodor Tagger, besser bekannt unter seinem Pseudonym Ferdinand Bruckner, sich als Hausherr um die Aufführung zeitgenössischer Dramen kümmerte. Aber das ist lange her. Irgendwann gefiel es einem unbekannten Theatergott, einen mittelmäßigen Schauspieler zum Intendanten an dieses Haus zu berufen. Und so kam es, daß Heribert Sasse, Friede seinen Inszenierungen, zeigen konnte, was er so alles nicht kann. Kurz (!), sein Aufstieg war von da ab unaufhaltsam. Kurze Zeit später stand er schon den Staatlichen Bühnen als Generalintendant vor. Und erst jetzt kam heraus, daß er doch etwas kann, nämlich Verträge aushandeln. Nachdem er an den Staatlichen Bühnen seinen Hut nehmen mußte, zog er einen Vertrag aus der Tasche, in dem stand, daß er zum Renaissance-Theater zurückkommen kann, in seine alte Position natürlich. Aber hier wollte ihn niemand mehr. Und so kam es, daß er vom Theater, ohne dort zu arbeiten, Geld bekommt – und das nicht zu knapp. Und diesem kleinen Kaffeekränzchen-Theater fehlt nun das Geld für seine eigentliche Aufgabe, nämlich Theater zu spielen. Was tun? Nun, da gibt's doch das dem Theater angegliederte Studio, das sich sehr erfolgreich, mit manchmal außergewöhnlich experimentierfreudigen Inszenierungen um ein jüngeres Publikum bemühte. Man schließt es kurzerhand.
Fürwahr, Charlottenburger Theater ist schon ein besonderes Theater, vor allem jenseits der Bühne. Kein Boulevard-Stück kann da mithalten.

Und was den Haupt-, Staats- und größeren Theatern recht ist, soll der »Freien-Szene« nicht billig sein – oder umgekehrt. Feste Freie Gruppen gibt's nicht viele, dafür aber um so mehr Spielstätten. Die schönste von allen ist die Rostbühne in der Knesebeckstraße, weniger wegen der dort gezeigten Stücke als wegen des angeschlossenen Cafés, das immer einen Besuch lohnt. Schön daran ist, daß das Theater dabei kaum stört. Was ist auch schon ein altes Faßbinder-Stück auf der Bühne gegen einen zigarrenrauchenden Heiner Müller am Nebentisch? Richtig!

Als Schiller dichtete: »...doch der Schrecken aller Schrecken ist das Weib in seinem Wahn«, da kannte er noch nicht die Freie Theateranstalt am Klausener Platz. Seit Jahren setzt sie ganze westdeutsche Abiturklassen in Schrecken mit ihrem Stück »Ich bin's nicht, Adolf Hitler ist es gewesen«. Ehemals kerngesunde Jungmänner und -frauen werden von unerklärlichen Krankheiten heimgesucht, wenn's heißt, die nächste Klassenfahrt geht nach Berlin; denn das kann nur bedeuten ... Aber lassen wir das und kommen zum Ende. Theater in Charlottenburg ist wie ein Pichelsteiner Eintopf, der zu lange in der Sonne gestanden hat, immer noch schmackhaft, wenn auch leicht säuerlich, aber noch zu retten, wenn, was eigentlich Aufgabe der Theater wäre, selbiges wieder mehr auf der Bühne stattfinden würde als außerhalb, und wenn die Intendanten mehr Risikobereitschaft zeigen würden, angesichts leerer Kassen, statt zu jammern. Spuckt in die Hände und ruft mit Tonio »Andiam. Incominciate«.

Editorische Notiz

Alle Beiträge entstanden 1992 für das vorliegende Buch – mit vier Ausnahmen: der »Charlottenburger Spaziergang« von Karl Voß (Seite 11 ff.) ist eine überarbeitete Fassung des Charlottenburg-Kapitels in seinem *Reiseführer Literaturfreunde Berlin* (1980); Günter Neumanns autobiographische Skizze »Das erste Sechstel meines Lebens« (Seite 119 ff.) wurde uns freundlicherweise von der Günter-Neumann-Stiftung Berlin zur Verfügung gestellt und hier zum erstenmal veröffentlicht; gleichfalls zum erstenmal gedruckt werden hier Prof. Willi Schmidts Rede zum 85. Geburtstag von Boleslaw Barlog aus dem Jahr 1991 (Seite 139 ff.) sowie das Gespräch mit Martin Held, das Christine Fischer-Defoy 1986 führte.

Abbildungen: Der Frontispiz (Seite 2) zeigt Tilla Durieux, die das Welttheater in Charlottenburg verkörperte, in einer Aufnahme aus ihren letzten Lebensjahren, die uns die Akademie der Künste Berlin zur Verfügung stellte. – Die Abbildungen auf dem Umschlag wurden dem Magazin *Uhu* entnommen: vorn eine Illustration zu Brechts/Weills »Lindbergflug« aus dem April-Heft 1929, auf der Rückseite ein Foto von Margo Lion aus dem August-Heft 1929.
Abbildungsnachweis: Akademie der Künste Berlin *2, 76, 87, 88, 108, 112;* Christine Fischer-Defoy, Berlin *146;* Günter-Neumann-Stiftung, Berlin *118;* Komödie, Berlin *122;* Ostdeutsche Galerie Regensburg *10;* Schiller-Theater, Berlin *41, 138, 157, 158;* Will Schaber, New York *16, 23, 117;* Michael Stumpp, Birstein *56, 121, 137;* Suhrkamp Verlag, Frankfurt a. M./R. Koch-Goertz, Berlin *163, 164;* Vaganten Bühne, Berlin *166.* Alle anderen Abbildungen stammen aus dem Archiv des Verlags.
Wir danken allen Rechtsinhabern für die Abdruckgenehmigung.

THEATER HEUTE

«Unsere führende, wohl nach wie vor konkurrenzlose Theaterzeitschrift»

J. Kaiser in der Süddeutschen Zeitung

Zwölfmal jährlich Berichte über die spannendsten Dramen, die besten Aufführungen. Essays, Kritiken, Interviews, Buch- und TV-Tips, viele Fotos, dazu in jedem Heft ein neues Theaterstück vollständig abgedruckt.

Zu Beginn der Spielzeit erscheint im September das große Jahrbuch der Zeitschrift – Bilanz einer Saison und Ausblick auf die nächste.
Jedes Heft mit 64 Seiten, vielen Fotos. Einzelheft DM 16.-

Bestellen Sie über: Erhard Friedrich Verlag, Im Brande 15 A, 3016 Seelze 6

Alle Rechte vorbehalten. © Berlin 1993 by
Das Arsenal. Verlag für Kultur und Politik GmbH,
1000 Berlin 10 (Charlottenburg)

Satz FotosatzWerkstatt GmbH, Berlin 61
Lithos Graph. Atelier Manfred R. Spönemann, Berlin 61
Herstellung Gallus Druckerei KG, Berlin 10

ISBN 3-921810-37-X

Inhalt